교사를 위한
게임중독
힐링 가이드

교사를 위한

게임중독
힐링 가이드

한선관 · 이철현 지음

이담
Books

이 저서는 2011년 정부(교육과학기술부)의 재원으로 한국연구재단의 지원을 받아 수행된 연구임(NRF-2011-327-B00659)

머리말

　게임에 몰입하여 3개월 된 딸을 굶겨 죽인 비정한 부모에 관한 뉴스를 접하면서 게임 중독 문제에 대한 심각성을 인식하고 그 해결 방안을 제시해야 할 시기가 이미 늦지 않았나 하는 생각이 든다. 하지만 현실적으로 게임 중독의 문제에 대해 적나라하게 파헤치고 그에 대한 해결에 팔을 걷어붙이고 나서는 곳을 찾기가 힘들다. 이러한 문제에 대해 깊게 고민하고 효과적인 해결 방안을 제공하는 책도 그렇게 쉽게 찾을 수 없는 실정이다. 서점에서는 게임 중독과 관련된 책을 보기 어렵고 학술적인 연구물이나 도서관 깊숙이 꽂혀 있는 책들 중에서 간신히 찾아볼 수 있다.

　국가에서는 중독의 폐해보다 경제적으로 큰 이익을 제공하는 게임 산업의 육성에 더 큰 비중을 두고 있는 듯하다. 관련 기관에서도 예방과 그 문제들의 실태와 현황 등에 대해서는 많은 부분 다루고 있으나 구체적인 해결 방안과 치료 교육 그리고 게임 중독에 빠진 청소년들에 대한 현실적인 지원은 많이 부족하다.

　이러한 측면에서 저자들은 보다 효과적이고 통합적인 게임 중독의 예방과 치료에 대한 구체적인 방안을 제시하고자 이 책을 준비하였다.

　게임 중독은 게임에 빠진 당사자에게도 문제가 있으나 청소년의 경우 그 원인은 주변 환경과 가족, 특히 부모에게서 찾을 수 있다.

또한 그 예방과 치료에 대한 일부분의 책임은 아이들과 많은 시간을 갖는 학교 교사에게 있다. 이러한 관점에서 자녀들과 학생들이 인터넷과 게임 중독에 빠지지 않도록 예방하고 게임에 몰입된 경우 구체적인 해결 방안과 치료 방안을 제시하여 학부모와 교사들에게 도움을 주고자 이 책을 쓰게 되었다.

이 책의 구성은 다음과 같다.

우선 게임 중독에 대한 이해와 사례를 통하여 그 문제와 폐해에 대해 인식하도록 많은 연구와 사례들을 제시하였다. 그리고 지피지기면 백전백승의 의미로 게임에 대한 이해와 특성을 파악하여 자녀와 학생들이 왜 게임에 쉽게 빠지며 그에 따른 어려움이 어떤 것인지 이해하도록 하였다.

게임 중독 예방 전략에 따른 구체적인 교육 방법과 함께 더 나아가 게임 중독 치료 전략과 구체적인 적용 방안에 대하여 다양한 내용들을 제공함으로써 게임 중독에 대해 해결할 수 있도록 다양한 접근의 연구들을 짜임새 있게 구성하였다. 특히 실제 진행된 연구들을 제시함으로써 학교 현장에서 적용할 때 용이하도록 하였다.

또한 게임 중독 치료를 위한 구체적인 교사 연수 프로그램의 내용과 방법을 제시함으로써 교육 현장에서 자율연수 프로그램을 구성하고 전문 치료 센터에서 활용할 수 있는 내용을 제시하였다.

이 책에서 제시한 게임 중독 치료 프로그램과 교사 연수 프로그램들은 실제 학교 현장에서 적용하고 개발한 것으로 저자들과 공동으로 연구에 참여한 선생님들의 협조와 허락이 없었으면 출판의 빛을 보지 못했을 것이다. 실제 연구자인 백성현, 김수환, 조은애, 이하나 선생님이 연구의 내용을 출판할 수 있도록 허락해 준 것에 대해 이 자리를 빌려 감사드린다.

모쪼록 이 책이 우리나라의 미래를 짊어질 청소년들로 하여금 게임 중독으로부터 벗어나 건강한 신체와 정신을 갖고 건전한 정보 문화 환경을 마련하는 귀한 교육 자료로 활용되었으면 하는 바람이다.

2013년 2월

한선관, 이철현

CONTENTS

머리말 / 5

01 게임 중독이란

1. 게임 중독의 정의 / 13
2. 게임 중독의 실제 / 25
3. 게임 중독의 사례 / 43
4. 게임의 이해 / 53

02 나는 게임 중독일까

1. 게임 중독 검사 개요 / 73
2. 인터넷 중독 검사: K—척도 / 80
3. 게임 과몰입 경향성 검사: G—척도 / 91
4. 기타 인터넷 및 게임 중독 검사 / 98
5. 새로운 접근: H—게임 중독 검사법 / 109

03 게임 중독, 어떻게 예방할까

1. 예방 교육의 개요 / 117
2. 예방 교육 프로그램 / 123
3. 게임 중독 예방을 위한 정부의 노력 / 129

04 게임 중독, 어떻게 치료할까

1. 게임 중독 치료 교육의 개요 / 135
2. 게임 중독 개선 교육 프로그램 Ⅰ / 142
3. 게임 중독 개선 교육 프로그램 Ⅱ / 158
4. 게임 중독 치료 교육 프로그램 / 169

05 게임 중독 치료, 전략이 필요하다

1. 행동 수정 전략 / 183
2. 행동 계약 치료 전략 / 186
3. 인지행동 집단 상담 전략 / 189
4. 인지행동 집단 치료 전략 / 193
5. 자기 통제 전략 / 196
6. 인지행동 미술 치료 전략 / 200

06 게임 중독 치료를 위한 교사 연수들

1. 교사 연수의 이해 / 207
2. 게임 중독 교사 연수 분석 / 210
3. 게임 중독 예방 교사 연수 / 220
4. 게임 중독 치료 프로그램 Ⅰ / 225
5. 게임 중독 치료 프로그램 Ⅱ / 235

참고문헌 / 243

01

게임 중독이란

1. 게임 중독의 정의
2. 게임 중독의 실제
3. 게임 중독의 사례
4. 게임의 이해

중독은 먼저 어떤 것에 대한 집착과 탐닉으로부터 시작한다. 탐닉의 정도가 심해지면서 그 어떤 것에 자신의 신체나 정신을 의존하게 된다. 그것에 대한 의존이 없으면 불안하고 신체적, 정신적으로 부정적인 문제들이 발생한다. 의존이 점점 더 심해지고 시간이 갈수록 만족도가 현저히 떨어지고 그 강도와 기간이 증가하기 시작하며 내성이 쌓이게 된다.

1. 게임 중독의 정의

중독은 반복적인 습관으로 이루어진다.
—한선관

정보 사회와 정보화의 역기능

컴퓨터의 등장으로 디지털 기술이 발달하였고 정보와 통신을 자원으로 하는 지식 정보 사회가 우리 삶에 자연스럽게 다가왔다. 정보 통신 기술은 웹을 통하여 민주주의를 정착시키고 과학 기술을 실생활에서 편리하게 이용할 수 있도록 그 방법을 제시하였다. 정보 통신 기술이 작게는 개인의 직업과, 더 크게는 국가의 경제, 전 세계적으로 인류의 평화와 발전을 위해 큰 역할을 하고 있다. 이제 정보 통신 기술이 사회, 문화, 정치, 경제, 과학 그리고 교육의 전 영역에서 없어서는 안 될 핵심 인프라로 자리매김하고 있다.

그러나 이러한 장점에도 불구하고 나타나는 정보화의 역기능은 긍정적인 강도에 비례하여 심각성 또한 크다. 우리나라의 2009년도 여가 활동 조사에 따르면, 9세부터 49세까지 일반인과 청소년을 대상으로 여가 시간에 주로 하는 활동에 대해 조사한 결과, 게임을 한다는 응답이 26%로 가장 높았고, TV 시청(24.4%)과 영화 관람(23.4%)이 뒤를 이었다(한국게임산업개발원, 2008). 전년도 조사에서는 TV 시청이 가장 높았으나, 올해는 게임 이용이 가장 높은 비중을 차지해, 게임이 주요 여가 활동으로 확고하게 자리매김하였음을 시사하고 있다. 특히 우리나라는 발달된 정보 인프라와 유비쿼터스라는 사회적 배경을 갖추고 있어 게임 산업의 발전과 더불어 사용자들이 많이 증가하고 있는 추세이다.

이러한 현상은 E-sports와 같은 경제적 이익 창출 등 긍정적인 면이 있지만 어린 나이에 게임을 시작하면서 여러 문제점이 발생되고 있다. 초등학교 시기는 컴퓨터 게임에 본격적으로 빠져들기 시작하는 때이며, 인성과 사고력, 자아 정체성 등이 형성되는 시기라는 점에서 게임 중독의 폐해는 비교적 크다 할 수 있다.

또한 e-Today 뉴스의 기사에 따르면 청소년의 게임 중독에 따른 손실 비용이 연간 8,000억~2조 2,000억 원 정도로 제시되었다. 인터넷, 온라인게임으로 인해 공부 시간이 감소하는 경우는 중학생의 39%, 고등학생의 35%에 달했으며 인터넷·온라인게임에 중독된 청소년 PC방 사용료는 연간 2,700~4,800억 원 정도로 계산되었다.

이러한 결과에 따라 정부도 게임 중독의 심각성을 인식하고 문제 해결에 적극적으로 나서기로 하였다. 보건복지가족부는 교육과학기술부와 협력하여 2009년도에 전국 5,813개 초등학교의 4학년생 63만여 명을 대상으로 인터넷 중독 선별 검사를 실시하였다(http://www.e-today.co.kr, 2009. 6. 16).

중독

중독(中毒)은 한자어를 의미대로 풀이하면 독이라는 유해 물질이 몸의 안에 있다는 의미로 해석된다. 즉 독이 체내에 존재하여 몸의 기능을 저하시키고 중대한 문제를 발생시키는 질병으로 볼 수 있다.

이러한 중독은 크게 두 가지 유형으로 구분된다. 신체에 직접적으로 유해 물질이 축적되어 질병을 일으키는 신체중독과 뇌와 관련된 정신적 문제를 일으키는 정신중독이 있다. 신체적 중독은 약물중독(Intoxication), 정신적 중독은 의존증(Addiction)으로 볼 수 있다.

어떠한 것에 중독이 되었다라고 볼 수 있는 것은 4가지의 증상, 즉 탐닉, 의존, 내성, 금단 증상들이 나타나는 경우이다. 중독은 먼저 어떤 것에 대한 집착과 탐닉으로부터 시작한다. 탐닉의 정도가 심해지면서 그 어떤 것에 자신의 신체나 정신을 의존하게 된다. 그것에 대한 의존이 없으면 불안하고 신체적, 정신적으로 부정적인 문제들이 발생한다. 의존이 점점 더 심해지고 시간이 갈수록 만족도가 현저히 떨어지고 그 강도와 기간이 증가하기 시작하며 내성이 쌓이게 된다. 이제는 쉽게 의존이 될 뿐만 아니라 의존의 만족도가 부족하여 점점 더 깊은 수렁에 빠지게 된다. 그리고 마지막으로 이러한 탐닉과 의존, 그리고 내성을 거부하고 중독의 원인을 끊거나 줄이고자 할 때 금단의 증상이 나타난다. 벗어나기 힘든 상황에서 다시 중독의 원인에 의존하고 내성을 강력하게 만들어간다.

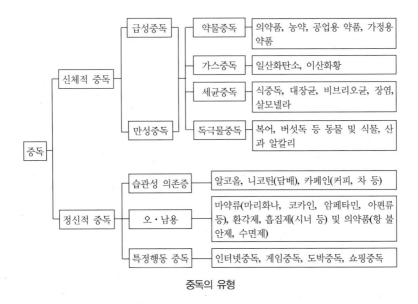

중독의 유형

인터넷 중독

컴퓨터가 대중화되기 시작할 무렵 컴맹, 컴퓨터 공포증, 넷맹, 인터넷 공포증 등 정보 기술 활용의 격차가 심화되어 문제가 발생되기도 하였으나 그 뒤를 이어 인터넷 중독증이 정보화 역기능의 심각한 문제로 대두되었다.

인터넷을 사용하는 시간이 많다고 하여 인터넷 중독이라고 하지는 않는다. 인터넷 중독에 대한 병리학적인 의학 용어는 아직 마련이 되어 있지 않다. 그러나 2012년 정신장애 진단매뉴얼(DSM-V; Diagnostic and statistical manual of mental disorders)을 개정하면서 아시아, 특히 한국의 청소년 게임 중독의 심각성을 고려하여 인터넷 중독이라는 용어가 포함될 것으로 보았다(Block, 2008).

인터넷 중독(Internet addiction disorder; IAD)은 크게 보면 인터넷 과 사용, 컴퓨터의 과사용 또는 병리적 컴퓨터 사용이라고도 한다. 인터넷 중독에 대한 정의는 기관이나 연구자마다 약간씩 다르게 소개하고 있으나 핵심적인 내용은 유사하다.

위키피디아에 의하면 인터넷 중독은 일상생활을 방해할 정도로 컴퓨터를 과도하게 사용하는 것이라고 정의하였다.

서울대학교병원에서 발행한 온라인 자료에 의하면 인터넷 중독을 다음과 같이 설명하고 있다. 인터넷 중독은 최근의 정보기술의 발달에 따른 새로운 사회적 문제의 하나이다. 이는 컴퓨터 사용 및 인터넷 이용과 관련된 과도한 집착이나 충동적인 행동을 보이고 이로 인해 사회적 기능에 장애를 일으키며 경우에 따라서는 우울증, 사회적 고립, 충동 조절 장애와 약물 남용 등의 문제를 일으키는 상태이다.

한국정보문화진흥원(http://www.nia.or.kr, 2003)의 정의에 따르면 인터넷을 과다하게 사용하여 인터넷 사용에 대한 금단과 내성을 지니며, 이로 인해 일상생활에 장애가 유발되는 상태라고 하였다.

앞서 중독의 단계를 살펴본 것처럼 인터넷 중독은 정보의 바다인 인터넷에 몰입하여 탐닉하고 중독의 길로 접어드는 것이다. 인터넷이 없이는 마음이 불안하고 어떠한 일을 할 수 없는 의존적인 정신적 문제를 일으킨다. 의존이 심각해지고 나면 인터넷에 내성이 생기고 자신도 모르게 인터넷의 세상에서 모든 것을 소비하며 마음의 위안을 삼는다. 인터넷에 접속하여 있는 시간이 점점 길어지고 컴퓨터를 중단하기가 어려워져서 아무 일도 못하는 내성 단계가 된다. 인터넷을 그만두거나 줄이려고 하면 정신적 스트레스와 함께 불안증과 무기력증이 느껴지는 금단 증상마저 보이게 된다.

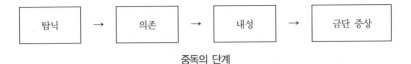

중독의 단계

킴벌리 영은 인터넷 중독을 병리적이고 강박적으로 인터넷을 사용하는 것으로 규정하고 그 유형을 5가지로 구분하였다.

첫째, 사이버 성적 중독(Cyber-sexual addiction)으로 사이버 공간에서 제공하고 있는 성인용 자료와 동영상에 집착하는 경우이다.

둘째, 사이버 관계 중독(Cyber-relationship addiction)으로 다른 사람과 지나치게 채팅을 많이 하고 이메일을 확인하지 않으면 걱정이 되어 수시로 메일을 열어 보고 수신 메일이 없을 경우 자기 자신에게 메일을 작성하는 경우이다. 또한 인터넷에 개설한 자신의 홈페이지나 카페, 블로그에 방문한 사용자의 수를 세거나 동호회 홈페이지에 지나치게 오랜 시간 동안 머물고 글을 남기는 등의 행동을 하는 경우이다.

셋째, 인터넷 강박 충동(Net compulsions)으로 사이버 공간에서 벌어지는 도박에 깊이 빠지거나 온라인 쇼핑을 통해 필요 없는 물건을 지나치게 많이 구입하는 경우이다. 그리고 증권 거래 사이트를 이용하여 잠시도 확인하지 않으면 불안해하고 걱정을 하는 경우이다.

넷째, 정보의 과부하(Information overload)로 웹에서 찾은 정보를 강박적으로 다른 사람보다 더 많이 가져야 한다는 생각에 무작정 저장하고 관련된 사이트의 주소를 즐겨찾기에 추가하는 등 심각하게 많은 시간과 정보를 소비하는 경우이다.

다섯째, 게임의 과몰입(Online game overuse)으로 심각할 정도의 시간과 몰입으로 컴퓨터 게임이나 온라인게임, 휴대용 디지털 게임에 집착하는 경우이다.

일반적으로 구분되는 인터넷 중독의 유형은 그림과 같이 나뉜다.

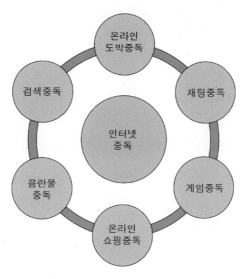

인터넷 중독의 유형(킴벌리 영. 1996)

- 음란물 중독: 음란한 동영상이나 사진에 집착하여 지속적으로 검색하고 내려받기를 하여 보는 상태이다. 온라인상에서 만난 상대와 음란한 언어를 사용하여 채팅을 하거나 하는 강박적인 상태도 포함한다.

- 채팅 중독: 메신저나 채팅 도구를 이용하여 틈만 나면 문자를 주고받고 영상 대화를 하는 등 온라인상의 상대와 대화에 집착하는 상태이다. 이메일에 집착하여 틈나는 대로 메일을 확인하는 상태도 포함한다.

- 온라인쇼핑 중독: 틈만 나면 온라인 쇼핑몰에 있는 상품을 검색

하거나 비교하면서 시간을 보내고 대부분의 물건을 온라인을 통해 구입하고 심지어 필요 없거나 경제적 여유가 없는데도 불구하고 끊임없이 구입하는 상태이다.

- 게임 중독: 온라인상의 게임에 접속하여 자제력을 잃고 지속적으로 탐닉하고 컴퓨터 또는 다른 상대와의 경쟁을 통해 자신의 이상을 실현하려고 하는 상태이다.
- 검색 중독: 목적이 없이 생각나는 단어를 이용하여 검색하고 자료를 수집하며 특별한 뉴스거리나 카페의 글에 집착하고 다른 이들의 글에 반응하여 자기 통제력 없이 웹에 참여하는 상태이다.
- 온라인도박 중독: 온라인상에서 운영하는 도박 시스템에 빠져 경제적이고 정신적으로 제어하지 못하는 상태이다.

게임 중독

초·중등학생들의 인터넷 사용 이유는 긍정적인 항목으로 학업을 위한 것이지만 부정적인 부분에서는 온라인게임을 하기 위해서라는 답변이 대부분이었다(강만철, 2001). 이러한 관점에서 게임 중독은 인터넷 중독과 매우 유사한 맥락을 지니고 있다.

강만철(2001)은 단순한 몰입과 비교되는 집착, 강박적인 인터넷 사용, 재발, 내성 및 의존성, 그리고 생활상 장애 등의 구성 요인을 충족시킬 때 인터넷 중독으로 규정하였으며, 여러 학자들의 정의를 종합하여 과도한 게임 집착으로 통제력을 상실하여 게임을 제한하거나 금지할 경우 금단 현상이 생기며, 정상적인 생활을 영위할 수 없는 경우를 게임 중독으로 정의하였다.

〈표 1-1〉 게임 중독의 정의

연구자	게임 중독의 정의 (오원이, 이수진, 박중규, 홍세희, 청소년의 인터넷 중독 장기추적조사 연구 -2차년도-, 한국정보문화진흥원 연구보고서 05-22, 2005)
Young (1999)	Young이 나눈 인터넷 중독 하부 영역 중 네트워크 게임 중독은 온라인상에서 도박, 게임, 쇼핑 등에 지나치게 탐닉하는 것을 말하는데 이러한 행위들로 많은 돈을 잃게 되고 직업과 관련된 문제를 일으키며 의미 있는 관계를 상실하는 것
어기준 (2000)	컴퓨터 게임이 자신의 일상생활에 큰 비중을 차지하고 있으며, 목적에 의한 행위로서의 작용이 아니라 그 자체가 하나의 습관으로 자리 잡고 있는 상태이며 컴퓨터게임에 대한 통제력을 상실하여 게임에 대한 자제를 인정하면서도 자신의 의지대로 통제하지 못하는 상태
이송선 (2000)	컴퓨터 게임을 절제하지 못하고 과도하게 빠져들어 중독적인 증상이 나타나는 것으로, 게임에 중독될 경우 게임을 통해 해소를 하려는 심리적인 의존과 중단했을 때 나타나는 금단, 내성 증상과 학업, 사회적인 기능상의 심각한 변화와 부적응을 보이는 상태
이유경 (2002)	컴퓨터게임을 절제하지 못하고 습관적으로 과도하게 사용함으로써 중독적인 증상이 나타나는 상태
한경아 (2002)	인터넷 중독의 하위 유형 중의 하나인 컴퓨터게임 중독은 컴퓨터게임을 절제하지 못하고 과도하게 빠져들어 중독적인 증상이 나타나는 상태
이경님 (2004)	게임에 몰입하고 만족하기 위해 게임 시간을 더 늘리는 내성 현상이 있으며, 반복적인 접속으로 인해 학업에 소홀하고 현실의 일상생활에 흥미를 잃어 인간관계보다 게임에 몰두하고 게임을 하지 않으면 불안, 초조, 환상 등의 금단 현상을 경험하는 것
노운정 (2004)	온라인게임에 몰두하는 시간이 많고 이로 인해 일상생활에 지장을 초래하는 상태
우경근 (2004)	충동적인 행동, 타인에 대한 흥미 상실, 다른 중독과 관련되며, 신체적, 심리적 금단 현상이 나타나는 또 다른 형태의 행동적 중독 (Griffiths, 1991; 이소영, 2000 재인용)
손혜성 (2004)	인터넷 게임 몰입은 인터넷 중독의 하위 유형으로 신체적, 사회적, 정서적으로 부작용을 낳고 있는 상태로, 과도한 게임 이용으로 인해 학업과 가정 및 대인관계에 지대한 영향을 끼치고 현실과 가상공간을 구분하지 못하게 되는 등의 심각한 문제를 야기하는 증상이 나타나는 상태(박성혜, 2001)
최영희 (2004)	행동적 성향의 중독 중 하나로, 컴퓨터게임의 강박적인 사용과 사용 통제의 어려움으로 인해 일상생활을 하는 데 곤란을 겪는 상태
이소영	충동적인 행동을 하도록 하고, 다른 사람에 대한 흥미를 상실시키고, 다른 중독 현상들과 관련되며, 게임을 그만두려고 하면 육체적·심리적 증상이 나타나는, 반복적인 행동
한혜경	행동 중독의 한 하위 영역으로, 게임에 지나치게 몰두하게 하고, 게임 행동에 대한 통제력을 상실하게 되며, 부정적인 효과를 초래함에도 불구하고, 게임을 지속하는 것
박성혜 (2001)	인터넷 중독의 하위 유형으로 신체적, 사회적, 정서적으로 부작용을 낳고 있는 상태로 과도한 게임 이용으로 인해 학업과 가정 및 대인 관계에 지대한 영향을 끼치고 현실과 가상 공간을 구분하지 못하게 되는 등의 심각한 문제를 야기하는 증상

이경옥 김민화 김승옥 김혜수 (2006)	게임 이용 시간의 증가로 인하여 신체적, 정신적으로 불안감을 초래하거나 일상생활에 부정적 영향을 유발하는 것으로, 현실 세계보다는 게임 속의 가상 세계를 지향하며 스스로 자신의 게임 행동을 통제하기 힘들거나 습관적으로 게임을 지속하게 되는 경향성

게임 중독에 대한 편견

다음은 게임 중독에 대한 편견을 제시한 것이다. 내용을 잘 읽어 보고 어떠한 부분이 잘못되어 있는지 토론해 보자.

- 지능이 낮은 사람이 중독에 빠질 위험이 높다.
- 게임 중독은 여학생보다 남학생이 더 심각하다.
- 게임 중독은 농어촌 지역보다 대도시가 심각하다.
- 게임 시작의 시기는 초등학교 고학년이나 중학생 이상부터 심해진다.
- 가정형편이 어려운 사람일수록 중독에 빠지기 쉽다.
- 부모의 학력이나 학업 관심도가 중독과 관련된다.
- 게임 중독에 빠진 학생의 부모는 대부분 맞벌이 가정이다.
- 학업 우수자는 게임 중독에 빠지지 않는다.
- 부모가 똑똑하면 그 자녀는 게임 중독에 걸릴 확률이 적다.
- 유치원 이하의 어린이는 중독에 잘 걸리지 않는다.
- 게임 중독 걸린 아동은 학교에서 다른 학생의 수업에 방해를 준다.
- 하루 1~2시간 이하 게임을 하는 사람은 게임 중독이 아니다.
- 정보 격차 소외 계층 사업은 게임 중독과 무관하다.
- 농촌 지역의 어린이는 게임 중독에 걸리지 않는다.
- 중독은 타고난 유전 인자와 병적인 문제로 발생하는 것이다.
- 게임 중독은 컴퓨터를 집에서 못 하게 하면 해결된다.

- 컴퓨터를 잘 못하는 아동은 게임 중독에 걸리지 않는다.
- 게임 중독 문제는 근본적으로 아이들의 문제다.
- 게임 산업 진흥은 아이들의 중독과 무관하다.
- 게임 중독과 폭력, 범죄는 무관하다.
- 조용하고 말이 없는 아이는 게임 중독에 걸리지 않는다.
- 축구하고 뛰어노는 아이들은 게임 중독에 걸리지 않는다.
- 게임 중독자와 마약 중독자에 영향을 주는 신경 물질은 다를 것이다.
- 평소 산만하고 안절부절못하는 아이는 게임 중독에 걸려 있는 것이다.
- 게임 중독 치료는 (상담, 심리 치료)전문가의 치료만으로 가능하다.
- 부모가 제대로 야단치고 벌주고 혼내면 게임 중독은 치료 가능하다.
- 게임 중독 검사를 통하여 게임 중독 어린이를 모두 발견할 수 있다.
- 게임 중독은 걸리는 연령이나 성별이 제한적이다.
- 게임 중독은 일시적인 현상이고 나이가(철이) 들면 자연 치유된다.
- 게임 중독은 학업에만 영향을 미친다.
- 게임 중독을 예방하기 위한 가장 쉬운 방법은 컴퓨터와 인터넷을 전혀 못 하게 하면 된다.
- 자녀의 과업에 대한 보상으로 허용하는 게임은 긍정적이다.
- 아빠와 함께 하는 즐기는 게임은 중독과 관계없다.
- 게임에 집중하는 태도를 보면 다른 일에도 집중하는 능력이 있을 것이다.
- 게임 중독 치료를 받고 난 사람은 다시는 게임 중독에 걸리지 않는다.
- 게임 중독에 빠지지 않도록 자녀를 지속적인 공부와 함께 과업을 주어 바쁘게 하면 예방할 수 있을 것이다.

- 게임을 질리게 많이 하면 결국 저절로 그만두고 중독에서 벗어난다.
- 게임기를 안 사 주면 다른 친구들에게 왕따당한다.
- 일반 게임들도 두뇌 계발에 도움이 된다.
- 게임을 통하여 틱 장애를 해결할 수도 있다.

앞서 제시한 항목들은 우리가 게임 중독을 바라보는 일반적인 감정이다. 맞을 수 있는 내용이지만 반드시 그렇지도 않기 때문에 게임 중독에 대해 논란이 많은 부분이기도 하다. 항상 예외가 존재하며 교실에서도 정상적으로 보이는 학생이 실제 게임 중독에 심하게 빠질 가능성을 가지고 있으며 게임에 대한 긍정적인 부분이 너무 강조되어 그 피해가 드러나지 않는 경우가 많다. 따라서 자신이 가진 편견에서 벗어나 게임 중독의 가능성과 해결 방안에 대해 깊고 넓게 고민해야 한다.

2. 게임 중독의 실제

인터넷 게임중독. 아이의 사고를 멈추게 한다.
— 이철현

인터넷 게임 중독의 실태

한국인터넷진흥원(NIDA)의 2008년 조사에 의하면 우리나라의 76.3% 인구가 인터넷을 이용하고 있다. 또한 초·중·고등학생과 대학생을 포함하는 청소년의 경우 2006년 말 97.6%가 인터넷을 사용하는 것으로 조사되었다. 이것은 인터넷을 사용하지 못하는 일부 노년층을 제외하고는 거의 대부분의 한국인이 인터넷 서비스를 이용한다는 결과로 분석될 수 있다.

또한 한국정보화진흥원(KADO)의 2007년 인터넷 중독 검사 결과에 의하면 성인 37.2%와 청소년 67.4%가 인터넷 이용의 주목적이 온라인게임이라고 조사되었다. 또한 초등학생의 94.1%, 중학생의 97.5%, 고등학생의 99.1%가 게임을 하기 위해 인터넷을 이용하는 것으로 조사되었다(박효수·고영삼·김정미, 2008).

이것은 청소년의 인터넷 이용 목적이 학업을 위하거나 정보를 수집하고 건전한 대인 관계, 그리고 세계화의 지식을 습득하기 위한 것이 아니고, 오락이나 여가를 즐기기 위해 게임에 몰두한다는 것을 나타내 정보화 사회로의 발전에 심각한 문제를 초래하고 있다.

위의 조사에서 알 수 있는 것처럼 청소년의 인터넷 이용의 목적이 게임을 하기 위한 것이기 때문에 청소년의 인터넷 중독률은 게임 중독률과 거의 같다고 볼 수 있다.

한국정보화진흥원(KADO)의 2008년도 인터넷 중독 검사 결과 인터넷 중독률은 8.8%로 약 200만 명으로 조사되었다. 이 중에서 인터넷 중독 고위험사용자군은 1.6%(약 37만 명)이고 잠재적 위험사용자군은 7.2%(약 163만 명)이었다.

청소년의 인터넷 중독률은 14.3%였으며, 성인의 인터넷 중독률은 6.3%였다. 연령대별로 볼 때, 만 16~19세의 인터넷 중독률이 15.9%로 가장 높았으며, 만 35~39세의 인터넷 중독률이 가장 낮은 4.8%로 나타났다.

성별에 따른 인터넷 중독 결과를 살펴보면, 남성의 인터넷 중독률은 10.1%로 여성 7.3%에 비해 2.8% 높은 수준이었다. 우리가 흔히 인식하고 있는 것보다 여성의 인터넷 중독률이도 그렇게 낮지 않고 그 상황도 많이 심각한 실정이다.

학력별 인터넷 중독률을 볼 때, 중·고등학생의 인터넷 중독률이 14.7%로 가장 높은 수치를 보였으며, 대졸 이상의 고학력자가 고졸 이하에 비해 인터넷 중독률이 약 1% 낮은 것으로 조사되었다. 인터넷 중독이 초·중·고등학생과 함께 대학생까지 전 연령에 고르게 분포되어 있는 것을 알 수 있다.

고등학생과 중학생의 인터넷 중독률은 전년대비 각각 2.7%, 0.3% 하락하였으며, 이는 e-러닝 등 학습 목적의 인터넷 이용이 증가한 반면, 온라인게임 및 채팅 등 오락 목적의 인터넷 이용 감소에 따른 것으로 해석된다.

반면 초등학생의 인터넷 중독률은 전년대비 0.7% 상승한 것으로 조사되었는데, 이는 초등학생의 38.2%가 취학 전부터 인터넷을 이용하는 등 인터넷 이용의 저연령화 추세가 반영된 결과로 해석되며, 향후 초등학생 대상 예방 및 상담 사업의 강화가 필요함을 보였다.

대학생의 인터넷 중독률은 전년에 비해 1.2% 상승하였으며, 이는 고등학생 때에 비해 상대적으로 많아진 여유 시간을 생산적으로 활용하지 못하는 것으로 평가되었다. 또한 인터넷 이용이 증가한 이유를 묻는 질문에 응답자의 81.1%가 '여유 시간이 많아져서'로 응답하여 고등학생 시절에 비해 상대적으로 많아진 여유 시간을 인터넷 이용에 사용하고 있는 것으로 분석되었다.

〈표 1-2〉 인터넷 중독률 비교(박효수·고영삼·김정미, 2008)

구분	고위험군		잠재적 위험군		인터넷 중독자	
	중독률	중독자 수	중독률	중독자 수	중독률	중독자 수
청소년	2.3%	168천 명	12.0%	867천 명	14.3%	1,035천 명
성인	1.3%	198천 명	5.0%	766천 명	6.3%	964천 명

다음의 내용은 초등학생들의 게임 이용 실태에 대해 동아일보와 연세대학교 연구팀에 의해 조사된 기사 내용에서 발췌하여 편집한 내용이다(http://www.donga.com/fbin/output?n=200712070102).

서울의 한 PC방의 풍경을 살펴보았다. 방과 후가 되고 오후 2시경이 되자 초등학교에서 10분 거리의 PC방에 초등학생들이 모여들었다. 30분도 넘지 않아 60여 좌석 중 절반의 좌석을 초등학생들이 차지하였다. 초등학생들이 주로 하는 게임은 가상의 적을 다양한 무기를 사용하여 제거하는 슈팅게임이다. 이 슈팅게임은 게임 시작과 함께 화면이 붉은 피로 물들고 잔인하기가 말할 수 없었다. 이 게임은 청소년, 특히 초등학생들이 이용하지 못하도록 불가 등급에 속하였지만 부모의 주민등록번호를 입력하여 쉽게 접속하였다.

게임 도중에 나오는 전투 장면과 실제 총성 등이 이어폰으로 새어 나오면서 여기저기에서 학생들이 욕을 하기 시작하였다. 가상의 적이 자신들을 공격하여 점수를 빼앗았기 때문이었다.

놀이미디어교육센터에서 주관한 초등학생 게임 중독 예방 교육 중 강사진은 학생들의 작품을 보고 깜짝 놀라고 말았다. 게임을 그림으로 그리도록 하자 5학년 많은 남학생들이 폭력적이고 잔인한 그림을 그렸기 때문이었다. 슈팅게임에서 자주 보여 주는 살인 장면과 피로 물들인 소름끼치는 색을 학생들이 표현한 것이었다.

동아일보와 연세대 연구팀은 이러한 게임 이용 실태에 관하여 서울지역 초등학교 6학년생들을 대상으로 설문 조사를 실시하고 다음과 같은 결과를 분석하였다.

· 초등학교 남학생은 게임 시작 시기가 빠를수록 게임에 중독될 가능성이 큰 것으로 드러났다. 남학생의 80.7%는 초등학교 4학년 이전에 게임을 시작하였으며, 특히 26.9%의 남학생은 초등학교 입학 전 이미 게임을 시작한 것으로 나타났다. 반면 여학생은 부모가 게임을 못하게 통제할수록 게임 중독 성향이 강해지는 현상이 나타났다.

· 평일 평균 게임 이용 시간은 남학생이 61.03분, 여학생이 41.85분으로 20분 정도 차이가 나는 반면 주말 평균 이용 시간은 남학생이 120.57분으로 여학생(69.45분)보다 배 가까이 많았다.

- 게임 중독에 대한 피해 상황을 보면 여학생이 남학생보다 우울증이나 주의력 결핍, 불안 등 정신의학적 문제로 더 많은 고통을 받고 있었다.
- 결석, 가출, 음주, 흡연 등 비행 문제와 게임 중독 간의 상관관계에서도 여학생은 게임 중독 성향이 강할수록 비행 문제가 많이 나타났으나 남학생은 게임 중독과 비행 문제 간에 특별한 연관이 없었다.
- 게임 중독 성향과 학업 효능감도 부적 상관관계가 매우 높았다. 즉, 학업에 대한 자신감이 부족할수록 게임에 더 몰입하게 되는 것으로 분석하였다.

인터넷 게임 중독의 원인

게임 중독을 제대로 인식하고 그에 맞는 예방 교육과 치료를 하기 위해서 게임 중독을 일으키는 근본적인 원인을 고찰해 볼 필요가 있다. 인터넷 중독을 일으키는 원인에 대한 연구는 많이 실시되었으나 정확히 통일된 원인 요소에 대한 결론은 아직 나지 않은 상태이다. 그러나 많은 연구자들의 의견에 의하면 일반적으로 인지적인 측면, 사회적인 측면, 생물학적인 측면, 기술발달의 측면에 의한 원인들을 언급하고 있다(Griffiths, 1995; King, 1995; Wellman, 1996; Walther, 2000; Suler, 1996; Rauschenberger, 1995).

첫 번째로 인지적인 관점에서 인지-행동 이론을 근거로 둔 견해이다. 자기 자신에 대한 나쁜 인지가 병적이고 강박적으로 인터넷 사용과 게임에의 몰입을 이끄는 것으로 보는 것이다.

둘째로 사회적 관점에서 사회기술 결손 이론을 원인으로 보고 있는 견해이다. 인간관계 측면이나 직업적 능력의 부족으로 인해 사회적으로 고립되거나 왕따가 된 사람이 이를 해소하기 위해 인터넷과 게임에 집착하는 경우이다. 인터넷상의 커뮤니케이션 도구나 사이버 공간 내에 자신을 표현하기 위한 편리성과 익명성이 인터넷과 게임으로 빠져들게 하는 것으로 보고 있다.

셋째로 생물학적으로 뇌나 호르몬에서 이상 전달 물질이 부족하거나 과도하게 분비되어 강박 장애나 중독 장애를 일으킨다는 견해이다. 대표적으로 도파민이나 세로토닌 같은 물질이 인터넷과 게임 중독을 일으킨다는 연구 보고서가 발표되기도 하였다.

넷째로 기술 발달적인 관점에서 기술을 충분히 활용하고 그 문화에 적응하기 위해 인터넷과 게임 문화에 중독된다는 견해이다. 컴퓨터의 발전과 인터넷 사용의 증가, 그리고 무선 통신 환경의 편리성으로 자연스럽게 사람들이 기술에 접하고 그 공간에 사로잡힌다는 것을 주원인으로 들고 있다.

기타 인류 역사의 진화와 관련하여 자연스럽게 부적응적인 부류가 발생하여 게임에 몰입한다는 견해를 제시하기도 하고 가족의 해체로 인한 가족 병리학적 견해로 게임 중독의 원인을 근거로 드는 연구자도 있다.

국내외의 여러 연구자들이 제시하는 청소년과 초등학생들의 구체적인 게임 중독 원인을 분석한 내용을 고찰하여 본다(오원이·이수진·박중규·홍세희, 2005 재인용).

<표 1-3> 게임 중독의 원인

연구자	게임 중독 원인
이형초 안창일 (2002)	욕구충족 · 대리만족 · 충동성 · 자기통제력 · 외로움을 꼽고 있었다. 게임 측면에서 어떤 행위 자체가 보상이 되는 심리적인 플로우 경험으로 인하여 사용시간 통제가 어려워진다는 것이다.
Suler (1996)	현실을 통해 이루지 못한 욕구가 게임을 통해 실현되며, 자신의 지위가 게임을 통해 세워져 온라인을 통한 '이상적 자아'를 형성할 수 있다.
남영옥 (2005)	게임 중독의 원인을 개인적 특성, 가족 환경, 사회 환경으로 구분하여 설정하고 분석하였다.
오원옥 (2004)	개인적 특성과 관련하여 우울과 충동성의 심리적 변수와 성별 및 컴퓨터 게임 시간이 매우 유의한 설명력을 제공해 주는 변수임을 확인하였다. 즉 우울 정도가 높고 자기 통제력이 떨어지는 충동적인 심리적 성향을 가진 대상자일수록 컴퓨터 게임 중독에 빠질 가능성이 높다.
최명선 (2007)	가족 환경-모와의 동거 여부, 부의 게임 이용 여부, 형제자매 유 · 무 등 가정의 사회적 · 물리적 환경과 사랑, 자유, 친밀도 등의 심리적 환경도 게임 중독 성향에 유의미한 요인으로 보았다.
박현숙 (2007)	여학생보다는 남학생이, 학교 성적이 낮을수록, 컴퓨터 사용 장소가 자신의 방일수록, 평균 게임 시간이 길수록, 부모의 양육 태도가 수용적이고 자율적이라고 인식할수록, 자기 효능감이 낮을수록 게임 중독 위험이 높게 나타난다.
기타 연구자	상대 게이머와 상호 작용을 할 기회가 많아서 성취감을 느낄 기회가 많다는 것, 점차 어려워지는 게임의 특성이 끝까지 도전하게 한다는 것, 힘을 모아 어려운 임무를 완수해 내거나 곤경에 처한 다른 사람들을 돕기 위한 소속감, 게임 캐릭터를 꾸미는 등 감각 추구 성향 등은 게임을 그만둘 수 없는 상태로 이어진다.

구체적인 게임 중독의 원인을 연구한 학자들의 견해를 살펴보면 다음과 같다.

Walther(2000)의 연구에 의하면 현실 사회에서 대인관계가 원만하지 못하고 자주 실패하는 사람의 경우 이에 대한 대리 만족으로 인터넷과 게임에 몰입하는 것을 대표적 원인으로 꼽고 있다. 사이버 공간에서의 활동은 익명성이 가능하고 다른 이로의 대체가 가능하기 때문에 현실에서 억압받던 상태를 해결하고 정신적으로 자신을 가상 사회에 투영시킬 수 있다. 그래서 현실에서 못 했던 행동과 생각을 자유롭게 표현할 수 있고 자신이 꿈꿔 왔던 모델을 모방하거나 대리 행동을 함으로써 만족감을 얻고 인터넷과 게임에 더욱 깊게 빠져들어 중독 상태에 이른다고 보고 있다.

King(1995)에 의하면 인터넷 중독 또는 게임 중독을 관음증 또는 노출증의 하나로 보고 있다. 자신이 인터넷 공간의 게임에 직접 참여하거나 어떠한 작업을 하지 않고도 다른 이들의 행동과 글, 반응, 사회적 이슈들을 살펴볼 수 있기 때문에 지속적인 관찰이 중독으로 이르는 원인으로 보고 있다. 게임상에서의 다른 이들의 채팅 내용, 사이버 공간에서의 게시글과 답글, 그리고 동영상 사이트에서의 음란물을 몰래 볼 수 있다. 이렇게 다른 사람들의 인터넷과 게임 활동이 대리만족을 주면서 중독으로 이끌고 있다고 보고 있다. 한편 익명성을 바탕으로 자신의 공격적 성향 등을 가상 세계에서 표현하고 다른 이에게 노출시키는 것이 관음증적인 것과 맞물려 중독을 심화시키고 있다고 보았다.

Wellman(1996)에 의하면 인터넷 공간과 온라인게임 안에서 자신과 상대에 대한 협력 활동, 경쟁 활동, 그리고 목표의 성취, 점수의 증가를 통해 자기 존재감을 확대할 수 있기 때문에 이러한 것을 지속적으로 추구하기 위해 중독에 이른다고 보고 있다.

Suler(1996)는 매슬로우(Maslow)의 욕구 위계 이론을 이용하여 인터넷 중독과 게임 중독을 연구하였다. 매슬로우는 인간의 욕구를 생리적 욕구 단계, 안전에 대한 욕구 단계, 사회적 소속감에 대한 욕구 단계, 성취와 인정에 대한 욕구 단계, 그리고 자아실현의 욕구 단계로 구분하였다.

이러한 욕구가 단계별로 이루어지지 않았을 때 이를 대리 만족할 수 있는 대체 수단을 찾는데 그것이 바로 온라인상의 게임이라고 보았다.

현실에서의 생리적 욕구 단계가 이루어지지 않았을 때 게임 속에서 성적인 희롱과 성역할 전환을 할 수 있으며, 안전에 대한 욕구가 만족되지 못했을 경우 가상 사회에서 자신을 지켜 주는 무기와 죽지 않는 캐릭터를 통하여 안정감을 찾는다고 하였다. 그리고 사회적 소속감에 대한 욕구가 이루어지지 않는 경우 게임 안에서 익명의 관계 확보와 역할 대체를 통한 게임 커뮤니티에 소속함으로 만족감을 얻는 것으로 보았다. 그리고 성취와 인정에 대한 욕구를 게임상의 목표 획득이나 포인트의 증가를 다른 이들에게 과시하며 대체할 수 있고 최고의 단계인 자아실현의 욕구를 프로게이머나 직업적 게임업계 인물로 설정하고 자기 위안을 삼으며 게임 중독의 길로 가는 것으로 보았다. 결국 현실에서 자기실현의 좌절을 자주 겪는 사람들이 인터넷 중독과 게임 중독에 잘 빠져드는 것으로 보고 있다.

Young(1998)은 사람의 성향에 따라 쉽게 중독에 빠져드는 것으로 보았다. 게임 중독 또는 인터넷 중독에 쉽게 빠지는 사람의 경우 어릴 적 정서적 문제, 대인 관계의 실패 그리고 자아 존중감이 낮다고 보았다. 그리고 삶에 대한 정체성이 부족하고 그전에 다른 중독을 경험했던 사람들이 게임 중독에 쉽게 빠진다고 보았다. 특히 우울증이 있거나 자존감이 낮은 사람이 외로운 상황이 되면 공격적으로 변할 수 있으며 게임 중독에 노출되기 쉽다고 보았다.

Greenfield(1999)은 쾌락을 인터넷 중독과 게임 중독의 원인으로 보고 있다. 대부분의 중독 현상과 비슷하게 인터넷이나 게임이 주는 쾌감은 매우 강력하다. 특히 알코올을 마실 때와 도박을 할 때, 그리고 게임에 몰입했을 때 뇌에 분비되는 신경 물질인 도파민이 비슷하게 활성화되는 것으로 조사되었다. 인터넷과 게임이 주는 쾌락적 요소는 행복감, 익명적 활동, 즉시적 만족, 자신감 확대, 대리 역할 만족, 언제든지 거리를 제어할 수 있는 관계, 공격적인 부분과 충동의 발현이라고 보았다. 이러한 쾌락적 활동을 통해 시간 개념 상실과 자기 통제력 약화, 그리고 신체적·정신적 피해를 통한 몰입이 게임 중독에 빠지게 한다고 보았다.

고정화(2009)는 여러 연구자들의 문헌 분석을 통하여 게임 중독자들의 원인을 사회적 고립, 사회적 지지의 결핍, 위축, 자기 의존적이고 독립된 활동에 대한 강한 선호, 사회적 활동의 제한, 과도한 경계심 및 자기방어성, 우울증, 불안감, 약물 중독, 낮은 자기 존중감과 자기 통제력, 사회적 부적응, 공격성, 고독감, 낮은 자기 효능감, 충동성, 강박 성향 등으로 정리하였다.

정보통신윤리위원회(http://www.kocsc.or.kr/)에서는 우리나라 청소년들이 게임 중독에 빠지기 쉬운 이유를 다음과 같이 제시하였다.

- 컴퓨터와 게임을 어린 유아기부터 사용하도록 권장한다. 가정의 인터넷과 컴퓨터, 미디어 등의 환경이 어릴 때부터 쉽게 노출되도록 아이 주변에 방치되어 있다.
- 한국의 정보화 역군이었던 PC방이 증가하면서 이용이 쉽고 저렴한 가격이 게임 중독을 부추긴다.
- 국가의 경제 활동과 삶의 패턴이 변화하여 게임 중독이 증가하였다. 예를 들면 부모의 맞벌이 직업 구조가 중독을 방치한다.
- 학생들의 생활이 지나치게 학업에 몰두하게 하고 성적 경쟁과 입시 스트레스를 심각하게 준다.
- 가족 간의 대화나 여가 활동이 부족하다. 특히 부모 세대와 자녀 세대 간의 대화 방식과 신기술의 활용 격차, 그리고 여가 활동의

차이가 심하다.

- 게임 업체의 자정 노력이 부족하다. 업체의 이익과 비례하는 건전한 게임 이용에 대한 노력과 투자가 부족하다.
- 게임 산업과 게임 중독에 대한 국가 정책이 부족하다. 게임에 대한 엄격한 규율과 통제 그리고 중독 문제에 대한 효과적 정책을 마련해야 한다.
- 학교 현장에서의 인식과 그에 대한 교육과 지도가 부족하다.
- 부모가 게임 중독의 문제에 대한 인식이 미약하다. 자녀에 대한 의심 없는 믿음과 게임 중독으로 나타나는 피해를 그렇게 심각하게 생각하지 않는다.

또한 정보통신윤리위원회에서 게임 중독에 빠지기 쉬운 아이 집단을 지적, 심리적, 병리적인 관점에서 다음과 같이 제시하였다.

학업부진으로 인해 학업에 흥미를 잃은 아이들이 그 대안으로 게임 중독으로 빠지기 쉽다. 게임으로 인한 학업 부진이 심화되는 순환적 문제 상황이 발생하면서 더 심각한 게임 중독 문제와 비행 범죄 문제로 발전한다.

전학, 이사, 성격 등으로 또래 관계가 어렵고 사회성이 적은 아이들이 이를 회피하기 위해 게임 중독에 빠지며 그 반대로 사회관계를 형성하기 위해 비슷한 부류의 학생들과 게임을 통해 교류하며 게임 중독에 빠지기 쉽다.

학업에 대한 과중한 스트레스나 부모의 기대를 맞추기 위한 큰 부담을 스스로 받고 있다고 생각하는 아이들이 이를 피하기 위해 게임 중독으로 빠져든다.

평소 외로움을 잘 느끼고 자기표현을 잘 하지 못하는 아이들의 경우 외로움을 달래고 자신의 속내를 표현하기 위해 가상 사회에 의지하게 된다. 특히 요즘 1자녀밖에 안 되는 가정이 늘면서 또래 집단과 형제 관계를 대신하여 게임 속에서 자신의 세계를 구축한다.

정신적으로 병적인 문제가 있는 아동, 즉 ADHD, 주의력 결핍-과잉운동 장애의 병력이 있거나 충동적인 아이들이 쉽게 게임 중독으로 빠져들 수 있다.

가정의 불화, 부모 이혼이나 사업 실패 등으로 가족을 비롯한 주변 환경으로 인해 우울함을 느끼고 있는 아이들의 경우 이를 회피하기 위해 게임에 의존하게 된다.

타고난 성향이 경쟁적이고 승부욕이 지나치게 강한 아이들의 경우 현실 세계에서 인정받지 못하고 왕따 현상이 발생할 경우 사이버 게임에서 그 대안을 찾고자 한다.

학업 성적이 높고 지능은 우수하지만 감성적 발달이 지연된 아이들의 경우나 가정에서 과보호로 인해 자녀의 요구를 무조건 들어주는 경우 게임에 쉽게 빠질 수 있다.

맞벌이나 농어촌에 살면서 부모의 보살핌을 받지 못하고 가정이나 길거리에 방치되어 홀로 있는 시간이 많은 아이들이 PC방이나 가정 내의 컴퓨터 게임에 의존하게 된다. 또한 대도시에 살면서 가정 형편이 부유하고 부모가 엘리트의 경우에도 부모 각자의 사생활과 직업적 자아실현의 과정에서 아이들이 방치되어 게임 중독에 빠질 수 있다.

소년소녀 가장의 경우나 부모가 자신의 역할을 다하지 못해 그 역할을 자녀가 부담을 질 경우 이를 탈피하기 위해 게임 중독에 빠질 수 있다.

(출처: 정보통신윤리위원회 – 인터넷 시대 현명한 부모 건강한 아이들)

게임 중독의 증상과 피해

게임 중독에 대한 정도를 구분하기 위한 방법으로 김승옥과 이경옥(2007)에 의한 몰입 정도와 중독의 양상을 <표 1-4>와 같이 살펴볼 수 있다.

〈표 1-4〉 인터넷 게임 몰입 정도와 중독 양상의 특징(김승옥·이경옥, 2007)

몰입 정도 \ 중독 양상	저중독	고중독
저몰입	정상적인 상태	게임을 장시간 사용하더라도 몰입되지 않아 재미를 느끼지 못하지만, 게임을 하지 않으면 불안하거나 초조한 상태
과몰입	게임 자체를 즐기며, 게임을 통해 가치, 기쁨, 의미 등을 얻을 수 있으며, 게임을 자기실현의 장으로 건전하게 활용하는 상태	게임을 통해 재미와 성취감을 느끼나, 게임 중독의 병리적 증상을 함께 경험함으로써 잠재적으로 위험한 상태

과몰입과 고중독에 속하는 사람들의 공통적인 증상과 특성을 살펴보면 다음과 같다.

우선 여력이 생기면 새로운 신형 컴퓨터를 구매하며 여러 대의 컴퓨터와 관련 장비를 사는 경향이 있다. 특히 게임을 박진감 넘치게 할 수 있는 비디오 관련 장비, 사운드 장비, 모니터, 게임 가속 처리를 위한 추가 보드 등을 구입한다.

그리고 상당한 시간을 집이나 PC방에서 컴퓨터와 함께 보내는데 다른 어떤 활동에 비해 월등히 많은 시간을 컴퓨터와 보낸다. 심지어는 잠자는 시간이나 생리 현상을 참으며 보내는 경우도 있다. 게임에 몰입하고 의존하는 사람들은 일주일 평균 20~80시간을 인터넷상에서 보내는데 심각한 경우 한 번 접속하고 15시간을 지속하여 게임에 몰입하는 심각한 상황까지 보인다.

게임 중독의 증상이 보이는 사람들은 한번 컴퓨터를 시작하면 그것을 그만두는 것에 어려움을 느끼고, 지속적으로 접속한 상태로 있기를 원한다.

원래 가지고 있던 취미마저 없어지고 가족이나 친구들과 함께하는 시간이 현저히 줄어든다. 친구들과 어울려도 대부분 컴퓨터 게임에 관한 이야기를 주로 하고 놀이 활동도 각자의 컴퓨터에 매달려 대인관계를 맺고 있는 것으로 보기 어렵다.

학업적인 부분이나 직업적인 영역에서도 게임이나 인터넷 사용으로 심각한 문제를 빈번히 갖게 된다.

수면량과 운동량이 줄어들게 되고 식욕까지 사라지며 점점 신체적인 병적 증상들이 나타나기 시작한다. 대표적으로 VDT 증후근, 거북목 증후군, 손목터널 증후군 같은 문제가 발생한다.

또한 중독 증상이 보이는 사람들은 컴퓨터를 하지 않을 때에도 인터넷과 게임에 대해 강하게 의존하려고 하는 충동을 느끼며 초조해지며 모든 것을 게임과 연관 지으려 한다. 휴대폰을 끊임없이 만지작거리고 그 대안을 찾기 위해 정신이 집중된다. 게임을 하지 않을 때 게임을 하고 싶어 하는 자신의 욕망에 대해 부정적인 생각을 하고 그 결과에 따라 죄책감이나 우울증을 느낀다.

청소년을 대상으로 하는 게임 중독의 증상을 확인하는 방법을 살펴보면 다음과 같다. 자녀가 다음과 같은 증상이 2~3가지 발견된다면 게임 중독에 대해 심각히 고민하고 그에 대한 해결 방안을 모색해야 한다.

- 사전에 약속한 게임 사용 시간을 빈번히 어긴다.
- 대부분의 학교 숙제를 컴퓨터로만 하려고 한다.
- 컴퓨터나 인터넷이 느리다고 투덜대고 새로 사 달라고 조른다.
- 컴퓨터를 자기 방이나 혼자 사용할 수 있는 방으로 옮겨 달라고 한다.
- 컴퓨터를 사용하지 못하면 작은 게임기에 의존한다.
- 휴대폰에 집착하며 그 안의 게임으로 대리 만족한다.
- 무엇인가 하라고 요구를 하면 그 대가로 컴퓨터나 게임을 하겠다고 조건을 건다.
- 일단 게임을 시작하면 눈빛도 달라지고 평소 모습과는 달리 집중한다.
- 밤에 늦게 자는 일이 많아지면서 수면 장애가 생긴다.
- 아침에 일어나기 힘들어 하고, 매사에 짜증을 곧잘 낸다.
- 게임하느라 바깥 활동, 즉 친구 만나기, 운동하기, 친척집 가기, 외식하기를 싫어하거나 회피한다.
- 말수가 현저하게 줄어들고 집중력이 떨어진다.
- 컴퓨터를 못 하게 하면 우울해하거나 짜증을 낸다.
- 외출이 잦아지고 가끔씩 어디론가 잠적을 한다.
- 게임 때문에 거짓말이 늘고, 심지어 부모의 돈을 훔치기도 한다.
- 게임 말고 다른 것엔 흥미가 없고, 학습 의욕도 떨어졌다.
- PC방에서 가끔 목격된다.

· 아이들 간의 대부분 대화에 게임 이야기가 오고 간다.

· 선물로 게임 CD나 게임을 위한 아이템을 구입해 달라고 조른다.

· 용돈 사용이 불분명하고 친구들에게 돈을 빌리는 경우가 종종 있다.

· 심지어 학교에 가기 싫어하거나 학교를 몰래 도망 나온다.

이상은 일반적으로 청소년이나 자녀에게 나타나는 게임 중독의 증상을 제시한 것이다. 구체적인 검사 내용과 방법은 다음 장에 제시한다. 게임 중독으로 인한 피해를 살펴보면 다음과 같다.

크게 5가지의 피해 상황, 즉 가상 세계의 집착, 학교생활의 부적응, 가족 갈등의 심화, 신체−정신적 건강 악화, 비행 범죄의 초래 등의 심각한 문제들이 발생한다.

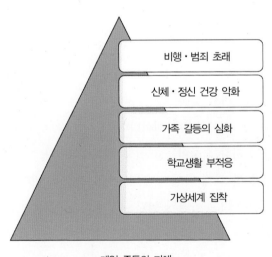

비행 · 범죄 초래

신체 · 정신 건강 악화

가족 갈등의 심화

학교생활 부적응

가상세계 집착

게임 중독의 피해

가상 세계에 대한 과도한 집착 문제로는 현실에서의 친구 관계에 무관심해지고 가상세계로의 지나친 탐닉을 통해 현실을 망각하고 정신적으로 피폐해진다.

학교생활 부적응 문제로는 주로 지각, 조퇴, 결석이 잦아지고 PC방 출입의 증가와 장시간 사용으로 인해 학습에 대한 흥미가 결여되고 결국 성적 하락이 발생한다.

가족 갈등의 심화 문제는 부모와의 언쟁과 갈등이 발생하며 가족과의 대화가 단절되고 결국 자신을 자신의 방과 PC방에 은둔하도록 만든다. 심각한 경우 부모와 신체적인 마찰이 생기고 욕설과 자해, 그리고 부모에 대한 폭행까지 발생할 수 있다.

신체적이고 정신적인 건강의 악화 문제로는 시력의 감소와 근육 약화로 인한 신체적 허약, 비만 급증, VDT 증후군, 거북목 증후군, 테니스 엘보와 같은 관절의 무리 등 신체적인 통증을 호소한다. 또한 정신적으로 자신의 부정적 행동에 대한 자책감이 증가하고 무기력증과 불안증 그리고 우울증 등이 발생한다.

게임 중독의 가장 심각한 문제는 비행이 증가하고 범죄를 초래하는 경우이다. PC방에서 게임을 하기 위한 비용이나 온라인게임상에서 아이템을 구입하기 위한 비용을 마련하기 위해 부모에게 거짓말을 하거나 친구들에게 돈을 꾸는 것을 넘어서 도벽이 시작된다. 도벽의 증상이 반복되면 자신의 나쁜 행동이 무뎌지고 다른 사람들의 금품을 갈취하고 폭력을 행사하기도 한다. 그리고 게임의 특성을 모방하기 위한, 현실에서의 폭행을 행사하거나 성폭행과 같은 문제가 발생하기도 한다.

다음 내용은 김도우(2008)가 온라인게임 중독으로 인한 사건 사례를 모은 것이다.

〈표 1-5〉 온라인게임 중독으로 인한 사건 사례(김도우, 2008)

사례	비고
충북 음성경찰서는 인터넷 게임에 빠져 두 살배기 딸을 3일 동안 집에 혼자 놓아둔 채 인근 PC방을 전전하며 인터넷 게임 등을 하는 바람에 딸을 결국 탈진시켜 숨지게 한 혐의로 20살 박 모 여인에 대하여 구속영장을 신청. <2008. 8. 충북 음성>	유기 치사
울산경찰청 여경기동수사대는 게임 중독에 빠져, 게임비를 벌기 위하여 인터넷 채팅 사이트에 아내의 명의로 접속해 성매매를 약속한 후 실제로 아내를 성매매시키는 등 9명을 대상으로 15회에 걸쳐 성매매시키고 1,700여만 원을 챙긴 A(33) 씨를 구속, B(45세) 등 불구속. <2007. 10. 울산>	성매매 알선
온라인게임을 통해 친해진 송 모(20) 씨와 전 모(25, 여) 씨는 자주 PC방에서 만나 게임을 하고 지내던 중 온라인게임과 채팅을 하던 중 말다툼 끝에 전 모 씨가 '네 캐릭터를 죽이겠다'고 말하자 격분한 송 씨는 천안에서 울산으로 내려와 전 씨의 원룸 집을 방화한 사건으로 구속. <2007. 8. 7. 울산>	방화
PC방에서 인터넷 게임 게시판에 아이템을 사겠다는 글을 올린 뒤 아이템을 팔기 위해 찾아온 김 모 군(14세)에게서 아이템 구입 대금 6만 원을 뺏는 등 같은 수법으로 10여 차례 강도짓을 한 이 모 군(17세) 구속. <2002. 5. 12. 서울 강남>	강도
PC방 주인의 ID를 이용, 게임 사이버머니 60여만 원어치를 팔았다가 들켜 고소당하자, 사제 폭발물을 만들어 PC방에 터뜨린 임 모 군(18세) 구속. <2001. 11. 21. 광주 광산>	폭행
PC방에서 온라인게임 "로그나로크"를 즐겨 오다 부모가 돈을 주지 않자, 이웃집에 몰래 들어가 게임에 몰두하다가 들켜 식칼로 집주인을 찔러 중상을 입힌 김 모 군(12세) 검거. <2001. 11. 20. 서울 강남>	상해
리니지 아이템을 사느라 1,800만 원의 은행 빚을 지자, 이를 갚기 위해 전선 1만 미터 시가 3천만 원 상당을 잘라 팔다가 검거된 고 모 씨(27세) 구속. <2001. 11. 6. 충남 논산>	절도
온라인게임 '다아블로'의 게임비를 마련하기 위해 교회에 침입, 헌금함을 털려다 새벽 기도를 하던 여신도에게 발각되자, 망치로 난타해 사망케 한 황 모 군(11세) 검거. <2001. 10. 5. 경기 평택>	살인

3. 게임 중독의 사례

더블클릭하는 당신의 손가락이 안 보일
정도라면 게임 중독을 의심하라.
―한선관

초등학생의 중독 사례

게임 중독의 문제가 어른과 중·고등학교 청소년의 비중이 높았던 과거와는 달리 이제는 초등학생들에게로 그 문제들이 내려오기 시작하였다. 다음의 문제는 어기준 한국컴퓨터생활연구소 소장이 국민일보의 전문가 시각에 실은 글을 발췌한 내용이다(http://www.computerlife.org/).

전라남도에 사는 12세 초등학생 K군은 집에 있던 돈 2,000만 원과 함께 어느 날 실종되었다. 경찰은 거액이 함께 없어진 점을 주목해 납치 가능성에 대해 수사를 벌였다. 그리고 4일 만에 부산의 한 PC방에서 K군을 찾아냈다. K군은 나흘 동안 잠도 자지 않고 게임하고 있었고 "부모의 방해를 받지 않고 게임하려고 가출했다"고 밝혀 사회를 깜짝 놀라게 하였다.

그리고 수원에 사는 11세 초등학생 K양이 게임에 돈을 많이 썼다는 엄마의 꾸중을 듣고 목을 매 아파트 베란다에서 자살했다. K양은 매달 아바타 아이템 구매에 20여만 원을 써서 6개월 동안 170만 원을 사용했었다. 아바타 아이템을 구매할 때 K양이 이용한 'ARS 결제 방식'은 대금이 전화 요금에 합산되어 청구되므로 현금이 없어도 문제가 되지 않았다. 이를 안 엄마가 화를 내자 그같이 끔찍한 일을 저지르고 말았다.

이처럼 초등학생들의 게임 중독에 따른 피해와 사건들이 급증하고 있다.

중학생의 사례

다음의 사례는 따뜻한 디지털세상이라는 잡지의 2009년 5월호에 실린 게임 중독 상담 사례이다.

> Q. 안녕하세요? 저는 중학교 교사입니다. 이민호(가명)라는 우리 반 아이의 문제로 상담을 드립니다.
> 민호가 일마 전 친구의 목을 조르는 일이 있었습니다. 친구가 딴지 자기를 쳐다보았다는 이유였습니다. 민호는 직장 생활로 바쁜 어머니와 단둘이 사는 터라 초등학교 때부터 혼자 보내는 시간이 많았습니다. 어머니와 마주할 시간이 적은 민호는 주로 인터넷 게임으로 시간을 보내고 있습니다.
> 어머니가 민호에게 잔소리를 하거나 인터넷을 끊겠다고 하면 칼과 가위를 들고 어머니에게 폭력을 가하는 일도 종종 있다고 합니다. 민호와 이야기해 보니 서든어택이라는 게임을 하고 있다고 하더군요. 친구들이 민호에게 게임에 대해 물어보면 대답을 잘 해 주는데, 그 외의 말을 걸면 노려보며 욕을 한다고 합니다. 게임에 중독되면 이렇게 폭력적인 모습으로 변하기도 하는 것인가요?
> 또한 가상과 현실 공간에 대한 구분이 어려운 것 같습니다. 민호는 게임에서처럼 자기 마음에 들지 않으면 누구든지 총으로 쏴 죽이거나 다른 무기로 공격하면 된다는 생각이 큰 것 같습니다. 생활의

어려움으로 집에 있을 형편이 안 되는 어머님은 교사인 저에게 민호를 잘 부탁한다는 이야기만 하고 계십니다. 교사로서 도울 수 있는 방법과 게임 중독을 치료할 수 있는 방법을 알려 주세요. (김은영_가명)

이 사례는 게임 중독으로 인한 폭력성의 전형적인 사례이다. 게임 중독으로 나타나는 부정적인 현상 중 대표적인 것이 가상과 현실 공간을 구분하지 못하고 자신을 방어하기 위한 수단으로 타인에 대한 공격과 폭력을 행사하는 것이다.

이러한 학생들은 학교의 학업 생활이 힘들고 다른 학생들과의 관계도 원만하지 못하여 행동적인 장애까지 유발할 수 있으므로 행동 수정과 함께 정신과 치료를 해야 한다. 물론 어머니와의 상담 치료가 먼저 진행되어 협력적인 치료와 개선 활동을 실행해야 한다.

고등학생 사례

서울 ○○고등학교를 다니는 최민재(가명) 학생은 1학년 때 학업 성적도 우수하고 평소 부지런하여 가족들과도 화목하게 지내는 착실한 아들이었다. 그러나 민재가 1학년 말 아버지의 회사가 부도나면서 아버지가 가출하고 나자 어머니는 밤늦게까지 일을 해야만 했다. 민재는 방황하기 시작하였고 그때 찾은 곳이 PC방이었다. 민재가 PC방에서 게임을 접하고 난 뒤부터 서서히 변하기 시작하였다. 민재는 아버지의 실패와 어머니의 무관심, 그리고 학업에 대한 스트레스를 해소하기 위해 게임은 아주 좋은 탈출구였다.

그런데 날이 갈수록 스트레스를 해소하고자 하는 마음은 바뀌고 점점 더 게임에 몰두하여 게임 중독의 그늘이 비치기 시작하였다. 밤 늦게 귀가하여 컴퓨터 게임을 하는 민재의 얼굴을 본 어머니는 당황하고 말았다. 이전에는 착실하고 부드러운 얼굴을 가졌던 아들의 모습이 게임 앞에서 잔인하고 차가운 얼굴로 돌변한 것이 아닌가! 온라인게임에 적군과 외계 괴물이 나오는데 민재가 그들을 죽일 때마다 통쾌한 얼굴을 보이는 것이었다. 정신이 빠져 버린 아들의 모습을 본 어머니는 소리치며 게임을 그만하라고 닦달하였다.

그러나 민재는 들은 체 만 체하며 계속 게임을 하자 어머니는 컴퓨터 스위치를 끄고 말았다. 격분한 민재는 어머니에게 욕설을 하며 집을 나서고 말았다.

그날 이후 민재는 학교 수업을 그만두었고 집에서 가위나 칼로 자학하고 기물을 파괴하기 시작하였다. 동생을 이유 없이 때리고 어머니에게도 폭력을 휘두르는 등 그 증세가 더욱 심각해졌다.

민재의 어머니는 다니던 회사도 그만두고 민재를 구하기 위해 달래 보기도 하고 사정하며 무릎을 꿇기도 했지만 소용이 없었다. 상담소에 치료를 부탁하기 위해 민재를 설득했으나 민재는 자신이 중독이 아니라며 상담소 가는 것을 거부하였다. 최악의 구렁텅이에 빠진 민재와 어머니는 마음의 상처와 함께 모든 것을 잃고 말았다.

고등학생의 게임 중독은 다른 연령대에 비해 그 문제 행동과 피해 정도가 가장 심각하며 해결하기가 무척 어렵다. 사회적인 문제를 유발하고 장래의 기회의 상실과 더불어 사회 범죄의 단초 역할을 하기 때문에 게임 중독의 치료에 많은 관심을 가져야 한다.

유치원생의 중독 사례

온라인게임 중독 사례가 청소년이나 초등학생의 수준을 넘어 이제는 3~5세의 유치원생들에게도 나타나고 있고 학부모들이 골치를 겪고 있다. 세 살과 네 살의 자매를 둔 박○○ 주부는 아이들이 틈만 나면 컴퓨터 게임을 하려고 하는 바람에 고민이 이만저만이 아니다.

그 자매의 어머니는 어릴 때부터 인터넷 교육과 컴퓨터 활용 방법을 알려 주고 싶어 큰 아들(4세)에게 온라인게임을 조금 가르쳐 주었는데 시간이 지나자 게임만 하려 하고 못 하게 하면 울거나 보채서 어찌할 바를 모르겠다고 고민을 털어놓았다. 오빠가 게임을 하다 보니 동생(3세)도 역시 오랜 시간 동안 오빠의 곁에서 구경을 하고 자기도 하게 달라고 조르는 등 그 문제가 심각해 보였다.

그리고 여섯 살 딸을 둔 홍○○ 주부는 집에서 가사일뿐만 아니라 글을 쓰는 작가이다. 글을 쓰거나 식사 준비를 하는 동안 혼자 있는 딸이 안쓰러워 인터넷 사이트와 게임을 간간히 하도록 권유했으나 그리 오래되지 않아 딸이 게임 중독에 빠져 밥도 먹지 않고 눈에 초점이 사라진 것을 발견하곤 컴퓨터를 치워 버리고 말았다.

또 다른 사례로 컴퓨터를 이용한 온라인 학습을 시키던 김○○ 주부도 다섯 살 아들이 3시간 이상을 학습이 아닌 게임에 빠져 인터넷 통신 서비스를 취소하고 말았다. 인터넷을 끊고 난 뒤에도 아들이 컴퓨터를 볼 때마다 인터넷 게임을 생각하고 지뢰 게임과 같은 단순한 게임으로 기분을 푸는 것을 보고 마음이 미어지고 말았다.

이렇게 게임 중독은 이제 어른과 청소년 그리고 초등학생의 수준을 넘어서 어린 유치원생에게까지 부정적 영향을 미치고 있다. 이것은 어린 나이일수록 인터넷의 다양한 정보와 함께 자극적이고 몰입적인 화면에 쉽게 빠지기 때문이다. 또한 단계별로 순간순간 변화하고 그 결과가 흥미를 유발하는 상호 작용이 이루어지기 때문에 시청각적으로 발달하는 유치원생들에게 쉽게 중독으로 이어지게 하는 특성을 지녔기 때문이다.

그리고 부모의 입장에서 어린 자녀들을 돌보기 어렵고 그 미안함을 대신하기 위해 아이들이 좋아하는 컴퓨터와 게임에 방치하는 것이 유치원생들의 게임 중독 문제를 야기하고 있다.

온라인게임 모방 범죄 사례

다음의 게임 중독 모방 범죄의 사례는 한국일보의 기사에서 발췌한 내용이다.

서울의 어느 중학교 2학년 최○○ 군은 컴퓨터 게임인 '스트리트 파이터'를 흉내 내어 친구에게 폭력을 휘둘렀다. 피해 학생은 전치 8주의 중상을 입었으나 폭력을 행사한 최 군은 자신은 그저 게임을 흉내 냈을 뿐이라고 처벌받는 것을 억울해하였다.

또 다른 사례로 광주에서 중학생 형이 초등학생 남동생을 숨지게 한 사건이 발생하였다. 괴물들을 죽이는 잔혹한 게임에 빠져 있던 중학생 형은 동생을 죽인 후에 다른 사람들 40~50명을 더 살해하려고 했다고 말하여 주위를 섬뜩하게 하였다.

다음은 2008년 일본 사회를 충격에 휩싸이게 하였던 게임 중독자와 관련된 엽기적인 사건의 일화를 연합뉴스의 기사에서 발췌한 내용이다(2008년 3월).

어느 일요일 스물네 살의 청년이 지나가는 행인들을 무차별로 칼로 휘둘러 1명을 숨지게 하였고 7명을 중경상을 입게 하는 사건이 발생하였다. 이 청년은 가나가와 마사히로로 범행을 저지른 후에 경찰에 전화를 걸어 자신을 잡아 보라고 연락을 취하는 등 보통 사람이 할 수 없는 행동을 보였다. 체포 후 가나가와 군을 조사한 경찰은 초등학교부터 고등학교 시절까지 착실한 학생이었으나 게임광으로 유명한 것을 밝혀냈다.

이 청년은 고등학교 졸업 후에 아르바이트로 전전해 오면서 최신 휴대용 게임기를 즐겨 왔던 것으로 조사되었다. 체포 당시 그 청년이 가지고 있던 휴대용 게임은 주인공이 흉기를 휘두르며 행인들을 잇달아 숨지게 하며 쓰러뜨리는 내용으로 이번 범행 수법과 비슷했다. 가나가와 군은 고등학교 시절 도쿄에서 열린 게임 대회에 출전해 지역 부문 준우승을 했고 친구와 선후배들 사이에서 승부욕이 매우 강한 게임광이었다.

이상의 사례처럼 게임 중독의 문제는 가상 사회와 개인의 문제뿐만이 아니라 현실 사회에서 다른 사람들에게 피해와 위험을 주는 문제로까지 확산되어 가고 있다.

현피, 현실로 다가온 폭력

최근 청소년을 비롯하여 일반 성인들도 온라인게임을 하면서 실제로 만나 싸우는 현피가 급증하고 있다. 현피는 현실(現實)의 앞 글자인 '현(現)'과 Player Kill의 앞 글자인 'P(피)'의 합성어로, 온라인에서 만난 사람을 오프라인에서 찾아가 폭행을 하는 것을 의미한다.

다음은 온라인게임 중에 욕설을 한 것을 계기로 시비가 붙어 직접 만나 폭행을 저지른 사례이다.

전주에 사는 40대 K씨는 인터넷 게임인 리니지를 하던 도중 상대방 A씨로부터 욕설을 듣자 직접 만나서 싸우자고 제안하였다.

A씨가 이에 응하자 싸우기로 약속한 전주지방법원 앞에서 K씨가 기다렸다. 도로 앞에서 만난 두 사람은 바로 싸움이 붙었고 K씨는 준비한 흉기를 A씨와 주변 사람들에게 휘둘러 경찰에 연행되고 말았다.

광주에서는 중3 학생 K군과 Y군이 온라인 축구 게임을 하다가 채팅을 통해 시비가 붙자 초등학교 운동장에서 만나 싸움을 벌였다. 이 싸움은 친구들까지 합세하면서 집단 싸움으로 번졌고 축구 선수의 수와 같은 11명이 가담하여 폭행을 일으켰다.

그리고 부산에서는 온라인게임을 하다가 알게 된 대학생과 중학생을 고등학생이 불러 실제 패싸움을 한 뒤 금품과 아이템을 빼앗고 구타한 범죄 사례도 발생하였다.

이러한 현피 현상은 온라인게임의 캐릭터와 자신을 동일시하면서 현실과 가상 세계를 구분하지 못하기 때문에 발생한다. 특히 지나치게 게임에 빠지거나 고위험군으로 분류된 게임 중독 청소년의 경우 현실과 가상 세계를 구분하지 못하여 게임상에서 일어난 시비를 현실로 연결시켜 범죄로까지 이어지는 문제가 빈번하게 발생하고 있다.

이렇게 증가하고 있는 현피 문제는 교육 기관뿐만이 아니라 정부와 관련 기관 그리고 온라인게임 개발 업체도 협력하여 범죄를 예방하기 위한 노력이 필요하다. 즉 교육적인 지도와 관련법의 마련, 그리고 업체는 폭력적인 게임개발을 자제하고 채팅에서 오가는 시비 요소의 문자들을 막거나 여과하는 기술적 조치가 마련되어야 한다.

중국의 사례

다음 사례는 한국컴퓨터생활연구소(www.computerlife.org)에서 조사한 중국 정부의 게임 중독 예방에 관한 글이다.

중국 정부는 온라인게임 산업을 육성하기 위해 업계를 지원하는 등 국가적인 노력을 다하고 있다. 그러나 한편으로는 온라인게임으로 인한 역기능 문제를 예방하기 위한 노력도 계속해 왔다.

몇 년 전에는 중국으로 수출되는 한국의 온라인게임에 대해 영상물 등급위원회의 게임 등급 심의를 먼저 받도록 하고 등급이 높게 나온 온라인게임은 청소년들에게 서비스하지 못하게 했다. 그래서 국내 온라인게임 업체는 중국 수출을 위해 게임의 내용을 수정해 15세 이용가, 12세 이용가 등 청소년 이용이 가능한 게임 등급을 받기도 하였다.

그럼에도 불구하고 중국 청소년들의 게임 중독은 온라인게임 종주국인 한국의 상황만큼이나 심각해져 가고 있다.

중국의 초등학생이 PC방 이용 비용을 마련하기 위해 집 안의 가구와 집기를 헐값에 인터넷 경매로 팔아넘기고, 게임과 현실을 혼동해 게임 속에서 죽은 게임 캐릭터를 따라 자살하는 청소년이 급증하는가 하면 게임에 등장하는 무기를 비슷하게 만들어 폭력과 살인을 모방하는 범죄로 중국 사회를 경악시키기도 하였다.

중국 정부는 청소년들의 게임 중독을 예방하기 위한 획기적인 규제안을 발표하였다. 이 규정은 18세 이하의 청소년들을 구별하기 위해 실명으로 온라인게임에 가입하고, 신분을 확인하는 시스템을 온라인게임 회사에서는 반드시 도입해야만 한다.

그리고 청소년들이 3시간 이상 게임을 하면 경험치 등의 점수를

'50%' 깎고, 5시간 이상 게임을 하면 '0'가 되는 시스템의 마련을 의무화하고 있다. 온라인게임 사업자가 이를 어길 때에는 영업을 정지하고 외국 게임 회사의 경우 중국에서 접속이 되지 못하도록 IP를 차단한다.

4. 게임의 이해

인간의 의지에 저항할 수 있는 것은 없다.
−벤자민 디즈레일리(영국 정치가, 1804~1881)

게임의 개념과 속성

적을 알고 나를 알면 백전백승이라는 말이 있다. 게임 중독에 대해 제대로 이해하기 위해서는 게임이라는 상대를 제대로 이해할 필요가 있다.

게임의 정의를 이해하기 위해 우선 사전적 정의를 살펴본다.

게임은 놀이, 유희, 오락, 경기라고 할 수 있다. 목표에 도달하기 위한 전략과 절차를 게임이라 한다. 각자 상대가 되는 대상이 참여하여 일정한 규칙을 준수하며 신체적 또는 정신적으로 경쟁을 수행하는 것이다. 또한 게임은 즐거움을 추구하기 위해 구조화된 활동이다.

저명한 학자들의 게임의 정의를 살펴보자.

게임은 경기자가 규칙에 의해 정의되고 인공적으로 대립에 몰두하여 정량화할 수 있는 산출의 결과를 가진 체계이다(Salen, Katie & Zimmerman, Eric, 2003).

게임은 제약이 있는 경기자인 참여자가 목표를 추구하면서 발생하는 게임의 상징을 통해 자원을 관리하기 위한 결정을 하는 예술의 한 가지 형태이다(Costikyan, Greg, 1994).

게임은 어떤 제한된 문맥 안에서 그들의 목적을 성취하기 위해 한 명 또는 그 이상의 독립적인 의사 결정자들 간의 활동이다(Clark C. Abt, 1970).

게임은 목표와 구조를 가진 놀이의 한 가지 형태이다(Maroney, Kevin, 2001).

이러한 게임의 정의를 전자적 기계의 환경으로 이동시킨 것이 전자오락, 컴퓨터 게임이다. 컴퓨터 게임은 컴퓨터를 상대로 즐기는 게임으로 상대가 프로그램 또는 컴퓨터라고 할 수 있다. 유사한 용어로 비디오 게임은 비디오 콘솔이나 텔레비전 화면을 통해 시각적인 피드백을 상호 작용할 수 있는 전자적인 게임을 즐기는 것이라고 정의할 수 있다. 온라인게임의 정의는 컴퓨터 게임이나 비디오 게임, 디지털 게임을 인터넷이나 통신망으로 즐길 수 있도록 구현한 것이다. 상대는 컴퓨터(응용 프로그램)와 원거리의 다른 사용자가 된다.

게임의 정의를 보다 정확하게 살펴보기 위해서는 게임이 갖는 속성을 이해해야 한다. 게임이 가지고 있는 속성을 우선 위키피디아에서 살펴보면 다음과 같다.

게임이 가져야 할 속성은 목표, 규칙, 도전, 상호 작용이다. 게임은 신체적이거나 정신적인 또는 두 가지 요소가 포함된 자극이 포함된다. 대부분의 게임들이 실제적인 기능을 개발하거나 운동 능력의 형성을 지원하거나 교육적-시뮬레이션적-심리적인 역할을 수행하는 것을 돕는다.

하지만 게임들은 일종의 보상이 산출되는 일이나 작업과는 구분된다. 따라서 아이디어의 표현에 관련된 예술 활동과도 구분될 수 있다. 그러나 이러한 구분도 이제 와서는 그리 명확하지 않다. 많은 게임들이 전문적인 플레이어로서 게임이나 스포츠 분야에서 직업적으로 과업을 수행하고 그에 대한 보상을 얻을 수 있기 때문이다. 그리고 그러한 게임 산업에 예술적인 분야의 참여도 활발하기 때문이다.

프랑스의 사회학자인 Roger Caillois는 그의 책 『놀이와 인간』에서 게임이 정의되기 위해서는 다음과 같은 특징들을 가져야 한다고 하였다 (Caillois, Roger, 1957).

· 재미: 활동은 자유로운 행동을 하는 캐릭터를 위해 선택된다.
· 구분: 시간과 공간이 속박되어야 한다.
· 불확실: 활동의 산출물이 예견할 수 없어야 한다.
· 비생산적: 참여는 생산적인 것이 아니다.
· 규칙: 활동은 실생활과는 구분된 규칙을 가진다.
· 허구성: 다른 세상에 대한 인식이 동반되어야 한다.

게임의 유형

게임의 유형을 크게 나누면 다음과 같이 3가지의 형태로 구분할 수 있다.

① 스포츠: 다중 스포츠 이벤트, 올림픽 게임, 월드 게임, X 게임 등
② 테이블 게임: 보드 게임, 카드 게임, 주사위 게임, 미니어처(도미노, 타일) 게임, 필기도구 게임, 추측게임
③ 비디오 게임: 아케이드 게임, 컴퓨터 게임, 콘솔 게임, 휴대용 게임, 이동 게임, 온라인게임, 롤플레잉 게임, 시뮬레이션 등

비디오 게임 중 이 책에서 집중적으로 다루고 있는 온라인게임을 유형별로 살펴본다. 백승익과 송영석(2004)은 온라인게임의 속성이

온라인 게이머들의 선호도에 미치는 영향에 대한 탐색적인 연구에
서 온라인게임의 장르와 대표적인 게임의 사례를 다음과 같이 분석
하였다.

〈표 1-6〉 게임의 장르(백승익·송엽석, 2004)

장르	설명	대표적인 게임
전략 시뮬레이션	· 일반적으로 자원을 채취하여 건물이나 시설을 만들면서 진행하는 게임 · 상대와 동일한 조건과 시간이 주어지는 실시간 방식과 서로 한 번씩의 기회가 주어지는 턴 방식 으로 구분	· 블리자드(스타크래프트) · 아마마루(노바1492)
커뮤니티	인터넷상에서 커뮤니티를 형성해 구성원들 간에 온라인 채팅 게임이나 온라인 퀴즈게임을 통해 운영	· 소프트맥스(4Leaf) · 오즈인터미디어(오즈월드)
스포츠	· 축구, 야구 등 스포츠를 온라인에서 즐기는 게임 · 실제 경기와 유사한 게임 규칙을 가짐.	· 넷마블(강진축구) · 시너조익(제로컵) · 손노리(카툰레이서) · EA Sports의 'NBA ive', 'NHL', 'FIFA'
슈팅	· 총이나 무기로 상대편과 물체 등을 맞추는 게임 · 단순하고 질리지 않는 특성을 지님.	· CCR(포트리스2) · 드래곤플라이(카르마온라인)
롤플레잉	게임에서 주어진 임무를 완수해 가면서 운영되는 온라인게임의 대표 장르	· 넥스(바람의 나라) · 엔씨소프트(리니지) · 액토즈(A3) · 웹젠(뮤)
보드게임	게임 규칙이 쉽고 별다른 매뉴얼 없이 오프라인 게임처럼 즐기는 전통 게임	· 고스톱 · 포커

전통적인 분류 외에 새롭게 등장한 게임에 의해 새롭게 게임의 장
르를 분류하면 다음과 같다.

<표 1-7> 게임의 새로운 장르

장르	설명	대표적인 게임
격투 액션 게임	게임상의 상대를 두고 격투(대결)를 벌이는 게임	타이터스(공수도), 스트리트 파이터, 버추어파이터, 철권
경영 전략 시뮬레이션	· 상대방을 이기기 위해서 자신이 만든 것을 키워 가거나 자신의 회사를 운영하는 게임 · 교육성과 재미가 혼합됨.	Maxis(심시티 3000)
레이싱	· 자동차로 상대와 경주를 하거나 네트워크로 연결해서 다른 플레이어와 경주를 벌이는 게임 · 속도감이 중요함.	니드 포 스피드, 테스트 드라이브, 매드니스
멀티 시나리오	이야기의 진행이 결정된 것이 아니라 사용자의 선택과 결정에 따라 전혀 다른 결과가 나오는 게임	프린세스메이커
머드(Mud)	Multi User Dungeon, 통신상에서 문자를 주고 받으며 하는 게임	무림크래프트, 천상비, 그리츠나
머그(Mug)	Multi User Graphic game, 머드게임에 그래픽을 넣은 것	바람의 나라, 머그 삼국지, 영웅문
비행 시뮬레이션	· 현실에 존재하는 비행 장면을 컴퓨터로 흉내 낸 게임 · 사실감이 중요함.	팰콘 4.0, EF2000, ADF, Hornet
액션 아케이드	화면의 가로, 세로로 이동하며 등장하는 적이나 장애물을 극복하는 게임	페르시아의 왕자, 어스웜 짐
어드벤처	· 주인공이 게임 안의 인물들과 대화, 아이템, 퍼즐 해결을 통해 스토리를 전개해 나가는 스타일 · 영화와 비슷한 구조	Master of Orion 삼국지, 시드 마이어의 문명
RTS SRPG TRPG	· 실시간 전략 시뮬레이션(Real Time Simulation) · 시뮬레이션 RPG(Simulation Role-Playing Game) · 상상력으로 진행되는 말판 게임(Table talk Role-Playing Game)	스타크래프트, 토탈 어나이얼레이션, 계백전, 던전스 앤 드래곤, 스소드 월드, 겁스

온라인게임의 양과 음

온라인게임이 가지는 속성을 나열하면 다음과 같다.

· 게임을 하기 위해 특별한 접근의 장벽이 없다. 즉 누구나 인터넷

만 되면 매우 쉽게 접근하여 이용할 수 있다. 물론 등급 제한과 나이 제한 등의 최소 접근 권한을 주고 있으나 이것은 현실적으로 접근의 장벽에 큰 영향을 주지 않는다.

· 특별한 비용이 요구되지 않는다. 대부분의 온라인게임들이 가입만 하면 바로 참여할 수 있다. 간접적인 광고와 부수적인 아이템의 구입 시에만 추가적인 비용을 요구한다.

· 직접 체험을 가상 체험으로 대체함으로써 대리 만족을 제공한다. 외향적으로는 사용자의 자신감을 주고 다양한 전략을 유도하게 한다.

· 현실과 흡사한 상황과 장면 그리고 규율을 통해 실제감을 제공한다.

· 인터넷의 특징을 이용하여 여러 사용자들이 동시다발적으로 연결이 되고 커뮤니케이션을 제공한다.

· 컴퓨터의 장점을 활용하여 입출력 기기를 이용하여 게임을 제어하는 상호 작용적 측면을 제공한다.

· 그래픽의 발달과 비디오 장치 그리고 사운드 장치를 이용하여 시각적 현란함과 함께 현장성과 현실성을 표현한다.

· 게임에 참여한 게이머의 본능을 자극하도록 인지적으로 설계되어 있고 지속적으로 몰입을 유도한다.

이러한 온라인게임의 속성으로 인하여 많은 게이머들이 PC방에 몰리고 게임에 빠져 삶에 대한 무기력과 시간의 개념을 상실하게 된다.

이것은 다분히 게임 개발사와 설계자 그리고 인지 공학적 게임 시나리오 작가에 의해 의도된 속성들이다. 조금 더 비약해서 표현하면 게임 개발자들은 사용자들의 게임 충성도를 높이기 위해 사용자의 몰입을 목적으로 설계와 개발을 한다. 그 결과 중독은 자연스럽게 따라오는 부정적인 요소가 되고 만다. 게임에의 몰입과 참여를 통한 충성도 증가, 탐닉의 희열, 강박적인 참여 유도 등이 배경이 되지 않으면 온라인게임의 시장에서 성공하기 어렵다.

이러한 측면은 온라인게임뿐만이 아니라 세상에 존재하는 그 어떤 것을 창조하고 판매하는 기업이나 개발자의 입장이라면 같을 것이다. 예를 들어 새로운 노래를 작곡하고 음반을 만들었다면 모든 사람들이 좋아하고 지속적으로 듣고 빠져들어 그것을 돈을 주고 구입하게 하고 상업적으로 이득이 될 수 있는 다양한 분야에 사용하도록 유도하여 이익이 창출되기를 원한다.

개발자나 회사는 게임의 개발이 처음 의도와 다르게 부정적으로 나타나거나 사용자들의 게임 중독을 바라지는 않지만 결과적으로 그러한 과도한 몰입이 성공이라는 것을 부정하기는 어렵다. 이러한 측면에서 다양한 게임 산업 분야와 관련 기관 그리고 교육 기관에서 이러한 문제를 해결하기 위한 노력이 요구된다.

그에 대한 해결 방안이 에듀테인먼트, 게임 기반 학습, G-러닝 등의 시도로 교육계에 새로운 계기를 마련하고 있다.

생각해 볼 점

왜 스포츠 경기에 몰두하고 미치는 것은 중독(부정적으로)이라 부르지 않을까?

관람이든 참여든 말이다. 골프에 미쳐 세계를 제패한 신지애와 양용은을 우리는 골프 중독자라고 하지 않는다. 골프도 게임이 가지는 요소를 그대로 지녔다. 경기이며 유희이며 상대를 두고 경쟁을 하는 게임이다. 나름대로의 돈이 오가며 도박의 속성 또한 일부 내포하고 있다. 그러한 경쟁에서 우승하는 것을 두고 우리는 대단하다고 한다. 승자를 존경해야 한다고 한다.

하지만 그러한 승자를 모델로 하여 매일매일을 골프만 하는 청소년에게 중독자라고 손가락질 하지 않는다. 공부만 하지 않고 매일 농구만 하거나 지하철역에서 춤을 배우고 훈련하는 B-보이 들을 이제는 더 이상 사회의 패배자라거나 부적응자 또는 중독자로서 정신 치료를 해야 한다고 하지 않는다.

위대한 피아니스트는 매일 피아노를 연습한다. 훈련이 너무 혹독하고 심취한 나머지 심지어는 정신 질환과 함께 병원 입원을 하는 사례까지 발생하는데 그것을 위대한 노력으로 본다.

이러한 측면에서 운동에 심취하여 몰입하는 사람과 게임 중독자 또는 프로 게이머 지망생들을 다르게 보아야 할까? 사회적 인정이나 경제적 상업적 성공을 잣대로 그들과 게임 중독자 또는 프로 게이머를 구분해야 하는가?

게임계의 꽃인 프로 게이머는 과연 게임업계나 그 종사자들이 많은 사람들을 게임에 참여시켜 경제적 부를 쌓기 위해 몰입시키고 중독시키기 위해 탄생한 상업적 결과물인가?

매일 인터넷을 이용해서 전자 상거래로 업무를 보고 경제 활동을 하며 자신의 전문성을 키우는 것을 하는 사람들(예를 들면 웹디자이너, 웹프로그래머, 웹보안가 등)을 인터넷 중 독자라고 볼 수 있는가?

무엇이 부정/긍정의 기준일까?

무엇이 부정적 중독이고 무엇이 긍정적 몰입인가?

이러한 아이러니를 어떻게 이해해야 하나?

데일리e스포츠(www.dailyesports.com)에서 발췌한 기사를 보면 그 해답이 있다.

중앙대학교 병원 정신과의 한덕현 박사는 프로 게이머 연구 중 '게임이 뇌에 미치는 영향'에 몰두하고 있다. 그는 연구 결과를 다음과 같이 설명하였다.

"프로 게이머의 뇌 활동은 물론 경기 내적인 활동, 외적인 영향 등을 다각적으로 연구하는 과정에서 게임 중독자와 확연히 다른 점을 발견했습니다. 사회적으로 프로 게이머와 게임 중독자를 동일시하는 시각이 많았지만 정반대라는 결론을 얻었어요."

한 박사는 프로 게이머를 '고도화된 게임 소비자이나 중독성은 나타나지 않는 직업군'으로 분류했다. 게임 중독자가 게임을 소비하는 시간과 비슷하게 투자하지만 소비하는 패턴이 완벽히 다르고 일상적인 생활을 영위하는 가운데 직업적으로 '일'을 하는 사람들이라는 설명이다.

그는 세 가지 측면에서 차별성이 있다고 주장했다. 중독자는 일상을 파괴하면서 빠져들지만 프로 게이머는 일상생활 속에서 게임을 직업으로 삼았기 때문에 가장 큰 차이점이 존재한다.

이는 또 멀티태스킹 능력과 연결된다. 중독자는 게임이 주는 반복성이라는 점에서 헤어 나오지 못하지만 프로 게이머는 하나의 게임을 계속하면서도 이기기 위해 새로운 방법을 찾으려 멀티태스킹을 수행할 수 있다. 마지막 차이점은 게임을 하는 과정에서 뇌 활동 부위가 다르다는 것이다. 프로 게이머는 게임을 하는 과정에서 감정을 담당하는 뇌의 오른쪽 부분과 수행 능력의 중추인 전두엽의 활동이 왕성해지는 데 비해 중독자들은 단순 반복 능력을 담당하는 좌뇌가 활동한다고 한다.

한 박사는 "프로 게이머를 게임 중독자와 동일시하는 시선이 사라지고 게임의 순기능을 발굴, 강화, 육성해야 한다"고 강조했다.

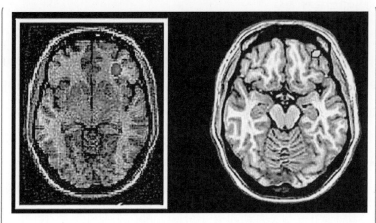

마약인 코카인 중독자(왼쪽)와 인터넷 게임 과다 사용자의 뇌를 양전자방출단층촬영(PET)으로 찍은 모습. 충동 조절 및 인지 기능에 결정적 역할을 하는 전두엽 부위(파란색과 노란색 부위)가 비슷하게 높은 활동성을 보이는 것으로 나타나 있다.

분당서울대병원 제공

김상은 교수(분당서울대병원 핵의학과)는 2008년 양전자방출단층촬영(PET)을 이용해 인터넷 게임 중독(과몰입군)자와 마약 중독자와의 대뇌 포도당 대사 및 충동성을 비교 측정하는 연구를 실시했다.

연구 결과, 인터넷 게임 과다 사용자는 정상 사용자보다 높은 충동성을 보이며, 게임 중독(과몰입)자의 오른쪽 전두엽(안와전두피질)과 왼쪽 미상핵, 오른쪽 도회에서 정상 사용자에 비해 높은 대뇌 활동성을 보이는 것이 확인됐다. 이 부위는 충동 조절, 중독과 관련된 인지 기능에 결정적 역할을 하는 대뇌 영역이다. 특히 전두엽은 코카인 중독자가 일반인보다 높은 활성화 정도를 나타내는 영역으로, 인터넷 게임 중독자와 코카인 중독자가 유사한 대뇌 신경학적 메커니즘을 보여 주고 있음을 뜻한다.

즉 인터넷 게임 중독자의 뇌와 마약 중독자의 뇌 구조가 비슷하다는 이야기다. 그동안 '행동성 중독'으로 여겨져 온 인터넷 중독자의 특성이 일종의 습관이 아니라 치료가 필요한 '뇌신경학적 질환'임을 제시하였다.

한국일보 인터넷 기사에서 발췌
(http://news.hankooki.com/lpage/health/200912/h2009120910391584500.htm)

게임의 교육적 활용

에듀테인먼트(Edutainment)는 교육(Education)과 오락(Entertainment)의 복합어로 게임을 하듯 즐기면서 교육할 수 있도록 새롭게 등장한 교육 내용과 방법을 가진 교육 형태를 말한다.

에듀테인먼트는 교수-학습의 과정에서 게임과 같은 즐거움과 함께 오락성과 도전성, 몰입성, 모험성 등을 포함한다. 에듀테인먼트의 가장 중요한 특징인 오락성은 단순한 흥미를 유발하고 학습에 관심을 끌어들이는 말초적인 차원이 아니라 학습에 재미를 추가하여 학습의 본질에 접근하게 도와줌으로써 학습 동기를 강화하고 학습의 효과를 최대한 높이는 전략으로 활용된다.

이러한 수업의 과정에 사용될 학습 내용을 에듀테인먼트 콘텐츠라고 부른다. 에듀테인먼트 콘텐츠의 유형은 아날로그형과 디지털형 콘텐츠로 나눌 수 있다. 디지털 콘텐츠는 단순한 텍스트를 비롯하여 다양한 멀티미디어적인 요소, 즉 이미지, 사운드, 애니메이션, 동영상, 웹사이트, 응용 프로그램을 포함한다. 이러한 요소를 모두 가지고 있는 것이 과거에는 CD-ROM 타이틀이었으나 인터넷이 활성화된 지금은 온라인게임 프로그램이 대안이 되고 있다.

안성혜와 송수미(2008)의 연구에서 디지털 에듀테인먼트 콘텐츠를 분석하였다. 그 유형은 학습 게임, 애니메이션 동화책(전자북), 사이버 박물관(체험관), 디지털 공간 체험관으로 구분하였다.

그리고 박수정·김현정(2003)의 연구에 의하면 에듀테인먼트로서 교육용 게임의 요인을 게임의 목적, 경쟁, 도전, 환상, 안정성, 오락성, 규칙으로 제시하였다.

교육의 방법에서 새롭게 등장한 에듀테인먼트적인 접근은 게임이 가지고 있는 근본적인 부정적 측면인 중독의 폐해를 긍정적인 인식으로 전환시키는 계기가 될 것으로 내다보며 에듀테인먼트로 개발된 게임의 활성화를 교육계에서는 기대하고 있다.

G-러닝

교육에서의 새로운 시도로 에듀테인먼트가 등장하였다. 에듀테인먼트 영역 중에 교육을 위해 디지털 게임을 활용한 수업을 G-러닝(Game-based Learning, GBL이라고도 부름)이라고 부른다.

일반적인 게임 기반 학습은 전통적인 아날로그 게임을 활용한 수업까지 포함하고 있으나 여기서는 디지털 게임기반 학습, 즉 G-러닝에 대해서만 살펴보기로 한다. 다음의 사례는 문화체육관광부와 한국콘텐츠진흥원에서 주관한 G-러닝의 효과에 대한 발표이다.

문화체육관광부와 한국콘텐츠진흥원, (사)콘텐츠경영연구소에서 후원을 하여 서울 발산초등학교에서는 '게임형 문화 콘텐츠 활용을 통한 수학과의 학력 신장 방안' 시범학교를 운영하였다. 2009년 11월 운영 보고회를 통하여 G-러닝이 수학 교육에 효과가 있는 것으로 발표하였다.

발산초등학교는 3월부터 11월까지 2학기에 걸쳐 시범학교를 운영하였으며 연구 주제는 온라인게임 활용 학습의 효율성을 위한 학습 기반 조성, 교육 과정 분석을 통한 온라인게임 활용 방안 마련, 온라인게임 교육 콘텐츠를 활용한 아동 학력 신장을 선정하여 진행하였다. 수학 교육을 위한 G-러닝 콘텐츠는 마상소프트에서 개발하였으며 보고회에서는 수학과 G-러닝 수업의 교육과정과 수업 내용 그리고 수업 모형에 따른 결과 및 효과성을 제시하였다. 연구의 대상은 4~6학년 총 440명으로 선정하고 비교 대상 또한 4~6학년 506명으로 총 946명이 참여하였다.

연구에 참여한 교사들은 수학과 수업에서 사용할 수 있는 요소를 추출하고 새로운 문제 해결 수업 모형을 개발하여 적용하였다. 효과성 분석 결과 수학 학습의 효율성과 흥미도, 학습 동기, 집중도 면에서 향상되었으며, 학습 성취도 면에서 G-러닝 수업을 실시한 연구반이 비교반보다 4학년은 1.05점, 5학년은 1.32점, 6학년은 0.87점이 우수한 것으로 나타났다.

추가적으로 G-러닝 수업의 과정에서 게임 중독 예방 교육을 진행하여 게임 중독의 문제점 인식과 게임에 대한 자기 제어 능력이 향상되었다.

또 다른 사례로 서울 우신초등학교는 '문화 콘텐츠 교육' 시범연구학교를 운영하였다. 영어 능력 향상을 위해 온라인게임인 '열혈강호'를 활용하였다. 대상은 5~6학년 학생들로 구성되었으며 일주일에 한 번씩 온라인으로 접속하여 게임과 함께 영어 수업을 실시하였다.

2주간의 운영 결과, 게임을 이용한 G-러닝 연구반 학생들이 일반 영어 수업을 한 학생들보다 학업성취도 측면에서 평균 19점의 차이가 나면서 G-러닝의 영어 수업이 훨씬 효과적인 것으로 확인하였다.

다음 사례는 전자 신문에서 발췌한 기사 내용이다(http://www.etnews.co.kr/news/detail.html?id=200910150210).

2009년 경기도는 농어촌 지역 학교를 중심으로 G-러닝 시범학교를 운영하였다. 2011년부터 G-러닝 콘텐츠를 개발하고 2013년까지 G-러닝을 이용한 사이버 가정 학습 서비스를 실시하는 계획을 마련하였다.

첫 사업으로 용인 장평초등학교를 G-러닝 시범학교로 선정하였고, 경기디지털콘텐츠진흥원과 콘텐츠경영연구소가 주관하여 지도하고 운영하도록 하였다. 이 시범학교에서는 2009년 12월까지 15주 동안 총 15회에 걸쳐 G-러닝을 실시하였다. 게임 콘텐츠로는 '열혈강호'를 재가공하여 사용하였다. 향후 기존의 게임들을 수정, 보완하여 G-러닝 콘텐츠로 활용할 예정이며 교사의 수업 교과 과정에 대한 의견 수렴을 거쳐 정규 수업에 적용하는 방안도 추진하며 대상 학교에는 G-러닝 연구 교사 교육과 G-러닝 교육을 위한 전용 게임 서버와 프로그램, 교재 등을 지원할 예정이다.

이상의 사례에서 살펴본 바와 같이 G-러닝은 미래의 교육 환경에서 핵심적인 수업 전략으로 자리매김할 것으로 예상된다. 하지만 이러한 기대감에 학습의 전체 과정과 내용을 G-러닝의 방법으로 상당 부분 적용하는 것은 너무 시기상조일 수 있다. 특히 G-러닝의 목적이 게임 산업의 육성이라는 것을 목표로 한다면 당연히 교육적인 요소를 상당 부분 잃을 것이다. 따라서 G-러닝의 개발 방향을 게임 산업의 발전과 해당 업체의 이득보다 교육적인 본연의 목표를 추구해야 한다. 정부와 관계 기관도 새로운 기술에 대한 단기적이고 하나의 업적 위주로의 지원과 선심성 정책을 지양하고 장기적이고 교육 본연의 목표를 추구하는 방향을 놓치지 않도록 해야 한다.

이를 위해 건전한 게임 이용과 이습에서의 과학적 적용 방법, 그리고 게임 중독 방지에 대한 정교한 제도 마련과 함께 G-러닝을 교육적인 접근으로 하는 활용 방법도 제공하여야 한다.

이를 위해 모든 교육 활동을 게임 기반의 학습으로 하는 것은 좋지 않다. 기존의 방법과 내용도 얼마든지 효과적으로 교육의 목표를 달성하고 교수 학습을 진행할 수 있다. 자극적인 화면과 재미, 그리고 단지 말초적인 자극은 기존의 교육의 방법이나 내용마저 파괴할 수 있다. 이런 부분에 대한 인식이 부족한 학생들은 교육적인 요소보다는 게임 요소에 집중하여 게임 중독에 더 깊이 빠질 수 있다.

이에 대한 구체적인 개선 방안은 다음과 같다.

우선 게임의 긍정적인 부분에 대한 이해가 선행되어야 한다. 교사가 게임의 교육적 요소 분석과 함께 그것을 교육에 적절히 활용하는 능력이 있어야 한다. 학부모들도 게임에 대한 부정적인 인식을 버리고 긍정적인 부분을 이해하고 게임 기반 학습의 지식과 기능이 있어야 한다.

G-러닝 콘텐츠가 양적으로 증가되고 질적으로 좋아져야 한다. 가상 현실, 증강 현실 시스템 등 다양한 시스템의 개발과 함께 HCI(Human-Computer Interaction)적인 접근이 요구된다.

학생들이 교육이라는 활동을 인식하고 전개해야 한다. 그러기 위해서는 명칭(용어) 자체가 게임이 아닌, 다른 용어가 필요하다.

게임 중독을 적절히 치료하고 자기 주도적으로 효과적으로 활용하기 위한 대안이 요구된다.

G-러닝과 관련된 교수 학습 방법과 전략이 필요하고 그에 대한 긍정적 교육 효과의 검증이 요구된다. 이를 위해 게임의 요소가 교사들과 같은 전문가들의 의견을 반영하여 교육적 내용이 제대로 기존 교육 과정과 연계되도록 해야 한다.

구체적인 G-러닝 콘텐츠를 개발하고 수업에 효과적으로 활용하기 위해서는 그 전제 조건이 필요하다. 백영균(2006)은 Prensky(2004)의 연구를 재인용하면서, 게임 기반학습은 다음과 같은 전제 조건을 만족했을 때 성공한다고 조언하고 있다.

백영균(2006)은 Prensky(2004)의 '왜 게임은 우리를 몰입하게 하는가?' 글을 예로 들며, 컴퓨터 게임은 다음과 같은 12가지 요소가 있기 때문이라고 하였다. 또한 이러한 요소가 G-러닝이 지향해야 할 바라고 제언하였다(Prensky, 2004, 백영균(2006) 재인용).

- 게임은 재미를 근간으로 하여 성립된다. 그것은 우리에게 즐거움과 기쁨을 준다. 따라서 G-러닝은 재미있게 운영되어야 한다.
- 게임은 놀이의 한 형태이다. 그것은 우리에게 적극적이고 열정적인 참여를 유도한다. 따라서 G-러닝은 놀이를 통하여 모든 학습자에게 적극적인 참여를 유도하여야 한다.
- 게임에는 규칙이 있다. 그것은 우리에게 일종의 구조를 준다. 따라서 G-러닝은 철저하게 정해진 규칙을 따라야 하고 계획되어야 한다.
- 게임에는 목적이 있다. 그것은 우리에게 동기 유발을 시킨다. 따라서 G-러닝은 학습의 목표와 게임의 목표가 병존하여야 한다.
- 게임은 쌍방향적 속성을 갖는다. 그것은 우리에게 어떤 할 거리를 준다. 따라서 G-러닝은 학습자의 쌍방향적인 활동을 이끌어야 한다.
- 게임에는 결과와 피드백이 있다. 그것은 우리에게 학습을 제공한다. 따라서 G-러닝은 성취 목표가 있으며 그것은 스스로 채우는 성격을 지닌다.

- 게임은 적응적이다. 그것은 우리에게 몰입을 준다. 따라서 G-러닝은 개인차에 부응하는 것이어야 한다.
- 게임에는 승리 상황이 존재한다. 그것은 우리에게 자아 만족감을 준다. 따라서 G-러닝은 성취감과 만족감을 수반해야 한다.
- 게임에는 갈등, 경쟁, 도전, 상대가 있다. 그것은 우리에게 아드레날린을 분비하도록 한다. 따라서 G-러닝은 도전과 응전의 반복을 통하여 성취해 나가는 과정이다.
- 게임에는 문제 해결의 과정이 있다. 그것은 우리에게 창의성을 제공한다. 따라서 G-러닝은 주어진 문제를 해결해 나가는 창의적인 과정이다.
- 게임에는 상호 작용이 있다. 그것은 우리에게 사교적 집단을 제공한다. 따라서 G-러닝은 협동 학습을 효과적으로 수행할 수 있다.
- 게임에는 표상과 이야기가 존재한다. 그것은 우리에게 정서와 감성을 제공한다. 따라서 G-러닝은 실제적이고 서사적인 맥락을 중요시해야 한다.

그리고 백영균(2006)은 그의 연구에서, G-러닝에서 사용되는 게임은 세 가지 기본적인 요건으로 학습 목표로서 가치가 있어야 하고, 재미가 있어야 하며, 게임의 목표는 학습 목표를 강화해야 한다고 하였다. 그리고 G-러닝이 교실에 도입되기 위해서는 다음 사항을 고려해야 한다고 하였다.

첫째, 게임이 담아야 할 콘텐츠의 유형은 선형보다는 반복형, 반복형보다는 개방형으로 구성되는 것이 바람직하다. 그 이유는 다양한 학습자들의 특성이나 능력을 수용할 수 있기 때문이다.

둘째, 게임 문화에 대한 올바른 이해가 선행되어야 한다. 무조건 게임을 학습에 적용하기보다는 게임 문화의 이해에 기반을 둔다면 교육이나 학습에서 더욱 강력하고 긍정적인 영향을 줄 수 있기 때문이다.

셋째, 디지털 게임세대의 인지 스타일을 이해하여야 한다. 단순한 게임에서부터 세련된 게임에 이르기까지 서로 다른 수준에서 학습에 참여하고 능력을 발휘하도록 해야 하기 때문이다.

넷째, 학습의 유형과 게임 유형에 대해 생각해 보아야 한다. 학습은 우연히 일어나는 것이 아니다. 특정한 학습 목적에 도달하기 위해서는 거기에 적합하고 특별한 기술과 계획이 있어야 하기 때문이다.

마지막으로 바람직한 게임에 대한 이해를 하고 그 요소들을 학습에서 활용할 수 있어야 한다. 이를 위해서는 성공한 게임들을 토대로 그러한 게임들이 성공한 이유를 분석하고 이해하려는 노력이 필요하며 그러한 조건에 맞는 게임들이 학습에 적용될 수 있어야 한다.

02

나는 게임 중독일까

1. 게임 중독 검사 개요
2. 인터넷 중독 검사: K-척도
3. 게임 과몰입 경향성 검사: G-척도
4. 기타 인터넷 및 게임 중독 검사
5. 새로운 접근: H-게임 중독 검사법

집중치료요망군

· 인터넷 사용을 자기의 의도대로 조절할 수 없는 상태에 이른다.

· 대부분의 시간을 인터넷에서 보낸다.

· 식음을 전폐하고 씻지도 않고 인터넷에 몰두한다.

· 며칠씩 밤을 새우거나 외박을 한다.

· 현실과 사이버 세상을 구분하지 못하고 혼란을 경험한다.

1. 게임 중독 검사 개요

게임 중독은 무관심이 만든 외로움의 질병이다.
— 한선관

　게임 중독과 인터넷 중독에 대한 진단 방법은 검사지를 통한 검사와 관찰을 통한 검사로 구분된다. 그리고 검사의 실시자에 따라 자기검사와 타인검사로 구분된다. 전통적으로 인터넷 중독과 관련된 진단 방법으로 유명한 것은 미국의 정신과 의사 골드버그 박사의 연구와 킴벌리 영의 연구가 대표적이다. 게임 중독 검사는 이러한 인터넷 검사를 변형하여 실시하였으나 우리나라에서는 한국정보화진흥원에서 K-척도(인터넷 중독 검사)와 G-척도(게임 중독 검사) 검사지를 개발하여 사용하고 있다.

　우선 미국에서 개발된 2가지 전통적인 진단 방법을 살펴본다.

　뉴욕의 정신과 의사 골드버그(Ivan K. Goldberg) 박사는 최초로 물질 남용 장애의 진단 기준을 원용하여 인터넷 중독 질환이라는 용어를 고안하였다. 이반 골드버그가 제시한 진단 기준에 따르면, 인터넷 사용의 부적응 패턴, 즉 인터넷 중독은 12개월 동안에 다음과 같은 장애와 불안의 증상이 3개 이상이 명백하게 나타났을 경우 진단될 수 있다고 하였다(http://www.psycom.net/iadcriteria.html).

1. 다음의 두 가지 중 하나로 정의된 내성이 발견될 때
   1) 만족감을 얻기 위해 인터넷에 시간을 더 많이 쏟을 때
   2) 인터넷에 같은 시간을 접속했는데도 현저히 그 효과가 줄어들 때
2. 금단 증상, 아래의 두 가지 큰 항목 중 하나가 명백히 나타날 때
   1) 아래의 세 가지 특징적인 금단 증상이 나타날 때
      가. 오랫동안 인터넷 사용을 끊거나 줄이는 경우
      나. 오랫동안 인터넷 사용을 끊거나 줄인 후에 며칠에서 한 달 사이에 다음 2가지 이상의
         항목이 나타나는 경우
         −정신 운동성 초조
         −불안
         −인터넷에 발생한 것들에 대한 강박 관념적 집착
         −인터넷의 공상과 몽상
         −손가락을 의식적이든 무의식적이든 타이핑하듯 움직임.
      다. 두 번째 증상이 사회적이거나 직업적이거나 다른 중요한 영역의 기능의 장애를 초래하
         거나 문제를 발생시킬 때
   2) 금단 증상들을 피하거나 완화시키기 위해 인터넷이나 유사한 온라인 서비스를 사용할 경우
3. 인터넷을 의도한 시간보다 오래 또는 자주 접속할 때
4. 인터넷을 사용하는 것을 제어하거나 끊기 위한 갈망이 지속적으로 있었거나 그러한 노력이
   실패하였을 때
5. 인터넷 사용과 관련된 활동에 오랜 시간을 소비할 때(예: 인터넷으로 책 구입, 새로운 웹브라
   우저로 탐색, 인터넷 상거래 시스템을 방문, 다운로드한 파일들을 뒤적임 등)
6. 인터넷을 사용함으로써 중요한 가족 행사, 사회적 활동, 직업적인 활동, 여가 활동을 자주 또
   는 일정 기간 동안 포기하거나 줄인 경우
7. 인터넷의 사용에 의해 발생하거나 악화되어 신체적, 가족적, 사회적, 직업적 또는 심리적인 문
   제를 가진다는 것을 인지함에도 불구하고 인터넷 사용을 지속하는 경우(예: 수면 부족, 부부
   관계 문제, 이른 아침의 약속에 지각, 직업적 의무 소홀, 소중한 사람들과의 맹세나 의무 포기
   등)

킴벌리 영 교수는 인터넷 중독을 DSM의 축 Ⅰ번 척도의 자극 제어 장애와 관련된 행동 유형과 유사한 중독 증상으로 보았다. 그녀는 그러한 장애를 진단하기 위해 인터넷 중독 진단 질문지(IADQ)를 개발하였다. 다음의 증상 중 5가지 이상의 증상이 보인다면 전문적인 진단이 요구된다고 보았다(http://www.netaddiction.com/).

1. 인터넷에 몰두하여 여념이 없는 느낌이 드는가?(예기되는 다음 온라인 세션 또는 이전의 온라인 활동에 대한 생각)
2. 만족감을 얻기 위해서 인터넷의 사용 시간을 더 많이 늘려야 하는 느낌이 드는가?
3. 인터넷 사용을 중지하거나 줄이거나 제어하려고 했던 노력이 실패했던 것이 주기적으로 나타나는가?
4. 인터넷 사용을 끊거나 줄이려고 시도했을 때 무기력하고 우울하고 불안하며 신경이 과민이 되는가?
5. 원래 의도했던 시간보다 더 오래 온라인에 접속하는가?
6. 인터넷의 사용 때문에 중요한 관계, 작업, 교육, 경력의 기회를 잃는 등의 위태롭거나 위험한 상황을 만난 적이 있는가?
7. 인터넷에 심하게 있는 것을 숨기기 위해 가족 구성원, 치료사 또는 다른 사람에게 거짓말을 한 적이 있는가?
8. 불쾌한 감정을 해소하거나 다른 문제(예: 우울, 걱정, 죄책감, 무력감 등)로부터 빠져나가기 위한 방법으로 인터넷을 사용하는가?
9. 기타 다른 증상들
   - 자신의 행동을 제어하려는 시도가 실패가 되는 경우
   - 인터넷 활동이나 컴퓨터를 사용하는 동안 도취감(행복감)의 증가
   - 친구와의 사이가 멀어지고 가족 관계가 소홀해짐.
   - 온라인 접속을 위해 수면을 포기하거나 수면 장애를 겪는 경우
   - 다른 사람들에게 거짓말을 하기
   - 온라인 활동의 결과로서 우울하거나 걱정이 생기거나 부끄럽거나 죄책감의 감정이 나타나는 경우
   - 몸무게의 급격한 변화, 요통, 두통, VDT 증후군 등과 같은 신체적인 문제
   - 다른 즐거운 여가 활동의 포기

킴벌리 영 교수는 인터넷 중독 진단 질문지(IADQ)를 보다 체계화하여 인터넷 중독 자가 진단 검사지를 개발하였다. 각각의 검사 문항 항목은 5점 리커드 척도로 구성되어 있다.

1=전혀 아니다. 2=드물지만 있다. 3=가끔 있다. 4=자주 있다. 5=항상 그렇다.

1. 원래 마음먹은 것보다 더 오랫동안 인터넷에 접속한 적이 있나요?
2. 인터넷 때문에 집안일을 소홀히 한 적이 있나요?
3. 배우자와의 애정 관계보다 인터넷에서 더 흥미를 느낀 적이 있나요?
4. 온라인상의 친구를 만들어 본 적이 있나요?
5. 온라인 접속 때문에 다른 사람이 불평한 적이 있나요?
6. 온라인 접속 시간 때문에 성적이나 학교생활에 문제가 있나요?
7. 해야 할 다른 일을 하기 전에 먼저 전자 우편을 점검한 적이 있나요?
8. 인터넷 때문에 업무 능률이나 생산성에 문제가 있었던 적이 있나요?
9. 누군가가 인터넷에서 무엇을 했느냐고 물었을 때 숨기거나 변명을 하며 얼버무린 경험이 있나요?
10. 인터넷에 대한 생각으로 인해 현재 생활상의 어려운 문제를 생각하지 못했던 적이 있나요?
11. 인터넷 이용 후 다시 온라인에 접속할 때까지의 기간을 기다린 적이 있나요?
12. 인터넷이 없는 생활은 따분하고 공허하며 재미없을 것이라고 두려워한 적이 있나요?
13. 온라인에 접속했을 때 누군가가 방해를 한다면 소리를 지르거나 화를 내거나 귀찮은 듯이 행동한 적이 있나요?
14. 밤늦게까지 접속해 있느라 잠을 못 잔 적이 있나요?
15. 오프라인 상태일 때 인터넷에 정신이 팔려 있거나 다시 온라인에 접속해 있는 듯한 환상을 느낀 적이 있나요?
16. 온라인에 접속해 있을 때 "몇 분만 더"라고 말하며 더 시간을 허비한 적이 있나요?
17. 온라인 접속 시간을 줄이려고 노력했지만 실패한 적이 있나요?
18. 온라인 접속 시간을 숨기려 한 적이 있나요?
19. 다른 사람과 밖으로 외출하려고 하기보다 온라인 상태에 더 머무르기 위해 접속하려고 한 적이 있나요?
20. 오프라인 상태일 때에는 우울하고 침울하며 신경질적이 되었다가 다시 온라인 상태로 오면 이런 감정들이 모두 사라진 적이 있나요?

* 채점 결과를 살펴보면 다음과 같다.

20~39점: 평범한 인터넷 사용자입니다. 때로는 너무 오래 웹에서 서핑을 하기도 하지만, 현재는 인터넷 이용을 자신이 조절할 수 있는 상태에 있다고 볼 수 있습니다.

40~69점: 문제가 있는 사용자입니다. 인터넷 때문에 문제가 있었던 적이 많은 상태입니다. 그러한 문제들이 실제 생활에 어떠한 영향을 미쳤는지 진지하게 생각해 보아야만 합니다.

70~100점: 인터넷 때문에 중대한 문제가 발생하고 있는 심각한 사
용자입니다. 지금 당장 이 문제를 해결하기 위해 전문
가의 도움을 받아야 하는 상태입니다.

[위 검사 내용은 http://www.netaddiction.com에 접속하여 Recovery Resources-Self Tests-Internet Addiction Test(IAT)의 메뉴를 차례로 선택하면 무료 온라인 테스트 가능함]

킴벌리 영의 인터넷 중독 자가진단 검사지는 다음과 같이 게임 중독 자가 진단 검사지로 변형할 수 있다.

<표 2-1> 게임 중독 자가 진단(킴벌리 영의 검사지 변형)

문항	항상 그렇다	자주 있다	가끔 있다	드물지만 있다	전혀 없다
1. 원래 마음먹은 생각보다 더 오랫동안 게임을 한 적이 있나요	5	4	3	2	1
2. 게임 때문에 집안일을 소홀히 한 적이 있나요?	5	4	3	2	1
3. 친구와의 관계보다 게임에서 더 흥미를 느낀 적이 있나요?	5	4	3	2	1
4. 온라인게임상의 친구를 만들어 본 적이 있나요?	5	4	3	2	1
5. 게임을 하는 것 때문에 다른 사람이 불평한 적이 있나요?	5	4	3	2	1
6. 게임을 이용하는 시간 때문에 성적이나 학교생활에 문제가 있나요?	5	4	3	2	1
7. 해야 할 다른 일을 하기 전에 먼저 게임을 한 적이 있나요?	5	4	3	2	1
8. 게임 때문에 학업이나 과제 해결에 문제가 있었던 적이 있나요?	5	4	3	2	1
9. 누군가가 컴퓨터에서 무엇을 했느냐고 물었을 때 숨기거나 변명을 하며 얼버무린 경험이 있나요?	5	4	3	2	1
10. 게임에 대한 생각으로 인해 현재 생활상의 어려운 문제를 생각하지 못했던 적이 있나요?	5	4	3	2	1
11. 게임을 한 후에 다시 게임에 접속할 때까지의 기간을 기다린 적이 있나요?	5	4	3	2	1
12. 게임이 없는 생활은 따분하고 공허하며 재미없을 것이라고 두려워한 적이 있나요?	5	4	3	2	1
13. 게임에 접속했을 때 누군가가 방해를 한다면 소리를 지르거나 화를 내거나 귀찮은 듯이 행동한 적이 있나요?	5	4	3	2	1
14. 게임에 밤늦게까지 접속해 있느라 잠을 못 잔 적이 있나요?	5	4	3	2	1
15. 현실에서 다른 사람이 하는 게임에 정신이 팔려 있거나 다시 게임에 접속해 있는 듯한 환상을 느낀 적이 있나요?	5	4	3	2	1
16. 게임에 접속해 있을 때 "몇 분만 더"라고 말하며 더 시간을 사용한 적이 있나요?	5	4	3	2	1
17. 게임 접속 시간을 줄이려고 노력했지만 실패한 적이 있나요?	5	4	3	2	1
18. 게임 접속 시간을 숨기려 한 적이 있나요?	5	4	3	2	1
19. 다른 사람과 밖으로 외출하려고 하기보다 게임에 더 머무르기 위해 접속하려 한 적이 있나요?	5	4	3	2	1
20. 현실의 상태일 때에는 우울하고 침울하며 신경질적이 되었다가 다시 게임을 시작하면 이런 감정들이 모두 사라진 적이 있나요?	5	4	3	2	1

* 채점 결과를 살펴보면 다음과 같다.

20~39점: 평범한 게임 사용자입니다. 때로는 너무 오래 게임을 하기도 하지만, 현재는 게임 사용을 자신이 조절할 수 있는 상태에 있다고 볼 수 있습니다.

40~69점: 문제가 있는 사용자입니다. 게임 때문에 문제가 있었던 적이 많은 상태입니다. 그러한 문제들이 실제 생활에 어떠한 영향을 미쳤는지 진지하게 생각해 보아야만 합니다.

70~100점: 게임 때문에 중대한 문제가 발생하고 있는 심각한 사용자입니다. 지금 당장 이 문제를 해결하기 위해 전문가의 도움을 받아야 하는 상태입니다.

2. 인터넷 중독 검사: K-척도

당신의 최소한의 임무는 무엇인가?
당신은 우연히 태어난 것이 아니다. 명심하라!
-베르나르 베르베르(프랑스 소설가, 1961~)
소설 〈개미〉에서

국외에서의 인터넷 중독 관련 연구와 검사 방법에 대한 국가적 차원의 대규모 연구 또는 해당 전문가들의 심층적인 연구가 활발히 진행된 것에 비하여 한국에서는 개인 연구자들이 관심을 가지고 진행하였다.

우리나라는 정보 통신 기술의 강국으로 발돋움하면서 경제 발전과 교육에서의 활용 확대를 통하여 인터넷 이용 인구가 급증하였다. PC방의 난립과 통신 규제와 법적인 조치 등의 부족으로 인해 정보화 역기능이 발생하고, 특히 인터넷 중독과 게임 중독의 문제가 심각한 상황에 이르게 되었다.

이에 국가에서는 정보화 역기능의 해소와 건전한 정보 문화 보급, 정보 인재 양성을 위해 한국정보화진흥원을 설립하였다. 한국정보화진흥원은 한국정보문화진흥원(http://www.kado.or.kr)으로 시작하여 한국정보화진흥원(http://www.nia.or.kr)으로 개명하고 정보화 역기능과 인터넷 중독 예방을 위해 정보문화포털[구 인터넷중독예방상담센터

(www.iapc.or.kr)]을 운영하고 있다.

한국정보화진흥원에서는 정보 기술과 문화를 진흥하는 한편 건전한 정보문화 육성을 위해 인터넷 중독 예방 사업을 실시하고 처음으로 인터넷 이용 실태를 조사하였다. 그리고 인터넷 이용 중인 국민들을 대상으로 인터넷 중독성 검사를 매년 실시하고 있다.

국민들의 인터넷 중독성 검사를 위해 연구한 것이 바로 K-척도이다. K-척도는 인터넷 중독 자가 진단 검사지이다. 검사자 스스로 인터넷 중독의 여부를 판단하는 각 문항을 읽고 자신의 상태를 체크하도록 되어 있다.

처음 K-척도는 4점 리커드 척도로 40문항의 검사지로 구성되었다. 이후 인터넷 중독성을 판별하는 데 필요 없거나 약한 항목들을 통합, 제거하여 20문항으로 새롭게 구성하여 사용하고 있다. 검사의 문항들은 크게 일상생활 장애, 긍정적 기대, 금단, 가상적 대인 관계 지향성, 일탈 행동, 내성의 6가지 문항군으로 구분된다. 검사지를 통해 사용자군을 3개 유형으로 분류하였으며 해석 방법도 제공하고 있다.

다음의 인터넷 중독 자가 진단 검사지와 자가 진단 해석표는 초·중등학교에서 인터넷 중독 검사를 위해 사용하고 있는 자료로서 인터넷 중독예방상담센터(www.iapc.or.kr)에서 제공하는 자료를 그대로 제시하였다.

인터넷 중독 진단 〈청소년 자가 진단용 40문항〉

200__년 __월 ___일

_____학교 __학년 (남, 여) 나이 _____이름

번호		항목	전혀 그렇지 않다	때때로 그렇다	자주 그렇다	항상 그렇다
1	1	인터넷 이용으로 인해서 생활이 불규칙해졌다.	1	2	3	4
	2	인터넷 이용으로 건강이 이전보다 나빠진 것 같다.	1	2	3	4
	3	인터넷 이용으로 학교 성적이 떨어졌다.	1	2	3	4
	4	인터넷을 너무 이용해서 머리가 아프다.	1	2	3	4
	5	인터넷을 하다가 계획한 일들을 제대로 못 한 적이 있다.	1	2	3	4
	6	인터넷을 하느라고 피곤해서 수업 시간에 잠을 자기도 한다.	1	2	3	4
	7	인터넷을 너무 이용해서 시력 등에 문제가 생겼다.	1	2	3	4
	8	다른 할 일이 많을 때에도 인터넷을 이용하게 된다.	1	2	3	4
	9	인터넷 이용으로 인해 가족들과 마찰이 있다.	1	2	3	4
2	10	인터넷을 하지 않을 때에도 하고 있는 듯한 환상을 느낀 적이 있다.	1	2	3	4
	11	인터넷을 하지 않을 때에도, 인터넷에서 나오는 소리가 들리고 인터넷을 하는 꿈을 꾼다.	1	2	3	4
	12	인터넷 이용 때문에 비도덕적인 행위를 저지르게 된다.	1	2	3	4
3	13	인터넷을 하는 동안 나는 가장 자유롭다.	1	2	3	4
	14	인터넷을 하고 있으면, 기분이 좋아지고 흥미진진해진다.	1	2	3	4
	15	인터넷을 하는 동안 나는 더욱 자신감이 생긴다.	1	2	3	4
	16	인터넷을 하고 있을 때 마음이 제일 편하다.	1	2	3	4
	17	인터넷을 하면 스트레스가 모두 해소되는 것 같다.	1	2	3	4
	18	인터넷이 없다면 내 인생에 재미있는 일이란 없다.	1	2	3	4
4	19	인터넷을 하지 못하면 생활이 지루하고 재미가 없다.	1	2	3	4
	20	만약 인터넷을 다시 할 수 없게 된다면 견디기 힘들 것이다.	1	2	3	4
	21	인터넷을 하지 못하면 안절부절못하고 초조해진다.	1	2	3	4
	22	인터넷을 하고 있지 않을 때에도 인터넷에 대한 생각이 자꾸 떠오른다.	1	2	3	4
	23	인터넷 이용 때문에 실생활에서 문제가 생기더라도 인터넷 이용을 그만두지 못한다.	1	2	3	4
	24	인터넷을 할 때 누군가 방해를 하면 짜증스럽고 화가 난다.	1	2	3	4

			1	2	3	4
5	25	인터넷에서 아는 사람들이 현실에서 아는 사람들보다 내게 더 잘해 준다.	1	2	3	4
	26	온라인에서 친구를 만들어 본 적이 있다.	1	2	3	4
	27	오프라인에서보다 온라인에서 나를 인정해 주는 사람이 더 많다.	1	2	3	4
	28	실제에서 보다 인터넷에서 만난 사람들을 더 잘 이해하게 된다.	1	2	3	4
	29	실제 생활에서도 인터넷에서 하는 것처럼 해 보고 싶다.	1	2	3	4
6	30	인터넷 이용 시간을 속이려고 한 적이 있다.	1	2	3	4
	31	인터넷을 하느라고 수업에 빠진 적이 있다.	1	2	3	4
	32	부모님 몰래 인터넷을 한다.	1	2	3	4
	33	인터넷 때문에 돈을 더 많이 쓰게 된다.	1	2	3	4
	34	인터넷에서 무엇을 했는지 숨기려고 한 적이 있다.	1	2	3	4
	35	인터넷에 빠져 있다가 다른 사람과의 약속을 어긴 적이 있다.	1	2	3	4
7	36	인터넷을 한번 시작하면 생각했던 것보다 오랜 시간을 보내게 된다.	1	2	3	4
	37	인터넷을 하다가 그만두면 또 하고 싶다.	1	2	3	4
	38	인터넷 이용 시간을 줄이려고 해 보았지만 실패한다.	1	2	3	4
	39	인터넷 이용을 줄여야 한다는 생각이 끊임없이 들곤 한다.	1	2	3	4
	40	주위 사람들이 내가 인터넷을 너무 많이 한다고 지적한다.	1	2	3	4

인터넷 중독 자가 진단 해석(청소년)

채점 방법	1점 ☞ 전혀 그렇지 않다 2점 ☞ 때때로 그렇다 3점 ☞ 자주 그렇다 4점 ☞ 항상 그렇다	채점 하기	총 점 ▶ ① 1~40번 합계 요인별합계 ▶ ② 1요인(1~9번) 합계 ③ 4요인(19~24번) 합계 ④ 7요인(36~40번) 합계
고위험 사용자군	중·고교생	총 점▶ ① 108점 이상 요인별▶ ② 1요인 26점 이상 ③ 4요인 18점 이상 ④ 7요인 17점 이상	
	초등학생	총 점▶ ① 94점 이상 요인별▶ ② 1요인 21점 이상 ③ 4요인 16점 이상 ④ 7요인 15점 이상	
	판정: ①에 해당하거나, ②~④ 모두 해당되는 경우		
	인터넷 사용으로 인하여 일상생활에서 심각한 장애를 보이면서 내성 및 금단 현상이 나타난다. 대인관계는 사이버 공간에서 대부분 이루어지며, 해킹 등 비도덕적 행위와 막연한 기대가 크고, 일상생활에서도 인터넷에 접속하고 있는 듯한 착각을 하기도 한다. 인터넷 접속 시간은 중·고생의 경우 1일 약 4시간 이상, 초등생 약 3시간 이상이며, 중·고생은 수면 시간도 5시간 내외로 줄어든다. 대개 자신이 인터넷 중		

고위험 사용자군	독이라고 느끼며, 학업에 곤란을 겪는다. 또한 심리적으로 불안정감 및 대인 관계 기피, 우울한 기분을 느끼는 경우가 흔하며, 성격적으로 자기 조절에 심각한 어려움을 보이며, 충동성도 높은 편이다. 현실 세계에서 대인 관계에 문제를 겪거나, 외로움을 느끼는 경우도 많다. ▷ 인터넷 중독 성향이 매우 높으므로 관련 기관의 전문적 지원과 도움이 요청된다.	
잠재적 위험 사용자군	중고교생	총 점▶ ① 95~107점 요인별▶ ② 1요인 23점 이상 ③ 4요인 16점 이상 ④ 7요인 15점 이상
	초등학생	총 점▶ ① 82~93점 요인별▶ ② 1요인 18점 이상 ③ 4요인 14점 이상 ④ 7요인 13점 이상
	판정: ①~④ 중 한 가지라도 해당되는 경우	
	고위험 사용자에 비해 보다 경미한 수준이지만, 일상생활에서 장애를 보이며, 인터넷 사용 시간이 늘어나고 집착을 하게 된다. 학업에 어려움이 나타날 수 있으며, 심리적 불안정감을 보이지만 절반 정도의 학생은 자신이 아무 문제가 없다고 느낀다. 대체로 중·고생은 1일 약 3시간 정도, 초등생은 2시간 정도의 접속 시간을 보이며, 다분히 계획적이지 못하고 자기 조절에 어려움을 보이며, 자신감도 낮은 경향이 있다. ▷ 인터넷 과다사용의 위험을 깨닫고 스스로 조절하고 계획적으로 사용하도록 노력한다. 인터넷 중독에 대한 주의가 요망되며, 학교 및 관련 기관에서 제공하는 건전한 인터넷 활용 지침을 따른다.	
일반 사용자군	중·고교생	총 점▶ ① 94점 이하 요인별▶ ② 1요인 22점 이하 ③ 4요인 15점 이하 ④ 7요인 14점 이하
	초등학생	총 점▶ ① 81점 이하 요인별▶ ② 1요인 17점 이하 ③ 4요인 13점 이하 ④ 7요인 12점 이하
	판정: ①~④ 모두 해당되는 경우	
	중·고생의 경우 1일 약 2시간, 초등생 약 1시간 정도의 접속 시간을 보이며, 대부분 인터넷 중독 문제가 없다고 느낀다. 심리적 정서 문제나 성격적 특성에서도 특이한 문제를 보이지 않으며, 자기 행동을 잘 관리한다고 생각한다. 주변 사람들과의 대인 관계에서도 자신의 충분한 지원을 얻을 수 있다고 느끼며, 심각한 외로움이나 곤란함을 느끼지 않는다. ▷ 인터넷의 건전한 활용에 대하여 자기 점검을 지속적으로 수행한다.	

K-척도를 이용한 인터넷 중독 자가 진단(초·중등학생 30문항) 검사지와 자가 진단 해석표이다(http://www.iapc.or.kr).

K-척도 청소년 자가 진단(20문항)

200_년 __월 ___일

_____ 학교 __학년 (남, 여) 나이 ____이름

번호		내용	전혀 그렇지 않다	때때로 그렇다	자주 그렇다	항상 그렇다
1	1	인터넷 사용으로 건강이 이전보다 나빠진 것 같다.	1	2	3	4
	2	인터넷을 너무 사용해서 머리가 아프다.	1	2	3	4
	3	인터넷을 하다가 계획한 일들을 제대로 못 한 적이 있다.	1	2	3	4
	4	인터넷을 하느라고 피곤해서 수업 시간에 잠을 자기도 한다.	1	2	3	4
	5	인터넷을 너무 사용해서 시력 등에 문제가 생겼다.	1	2	3	4
2	6	다른 할 일이 많을 때에도 인터넷을 사용하게 된다.	1	2	3	4
	7	인터넷을 하는 동안 나는 더욱 자신감이 생긴다.	1	2	3	4
	8	인터넷을 하지 못하면 생활이 지루하고 재미가 없다.	1	2	3	4
3	9	인터넷을 하지 못하면 안절부절못하고 초조해진다.	1	2	3	4
	10	인터넷을 하고 있지 않을 때에도 인터넷에 대한 생각이 자꾸 떠오른다.	1	2	3	4
	11	인터넷을 할 때 누군가 방해를 하면 짜증스럽고 화가 난다.	1	2	3	4
4	12	인터넷에서 알게 된 사람들이 현실에서 아는 사람들보다 나에게 더 잘해 준다.	1	2	3	4
	13	오프라인에서보다 온라인에서 나를 인정해 주는 사람이 더 많다.	1	2	3	4
	14	실제에서 보다 인터넷에서 만난 사람들을 더 잘 이해하게 된다.	1	2	3	4
5	15	인터넷 사용 시간을 속이려고 한 적이 있다.	1	2	3	4
	16	인터넷 때문에 돈을 더 많이 쓰게 된다.	1	2	3	4
6	17	인터넷을 하다가 그만두면 또 하고 싶다.	1	2	3	4
	18	인터넷 사용 시간을 줄이려고 해 보았지만 실패한다.	1	2	3	4
	19	인터넷 사용을 줄여야 한다는 생각이 끊임없이 들곤 한다.	1	2	3	4
	20	주위 사람들이 내가 인터넷을 너무 많이 한다고 지적한다.	1	2	3	4

K-척도 청소년 자가 진단 해석

| 채점 방법 | 1점 ☞ 전혀 그렇지 않다
2점 ☞ 때때로 그렇다
3점 ☞ 자주 그렇다
4점 ☞ 항상 그렇다 | 채점하기 | 총　　점 ▶ ① 1~20번 합계
요인별합계 ▶ ② 1요인(1~6번) 합계
③ 3요인(8~11번) 합계
④ 6요인(17~20번) 합계 |

고위험사용자군	중·고교생	총　점▶ ① 53점 이상 요인별▶ ② 1요인 17점 이상　③ 3요인 11점 이상　④ 6요인 13점 이상
	초등학생	총　점▶ ① 46점 이상 요인별▶ ② 1요인 14점 이상　③ 3요인 10점 이상　④ 6요인 12점 이상

판정: ①에 해당하거나, ②~④ 모두 해당되는 경우

인터넷 사용으로 인하여 일상생활에서 심각한 장애를 보이면서 내성 및 금단 현상이 나타난다. 대인 관계는 사이버 공간에서 대부분 이루어지며, 해킹 등 비도덕적 행위와 막연한 기대가 크고, 일상생활에서도 인터넷에 접속하고 있는 듯한 착각을 하기도 한다. 인터넷 접속 시간은 중·고생의 경우 1일 약 4시간 이상, 초등생 약

3시간 이상이며, 중·고생은 수면 시간도 5시간 내외로 줄어든다. 대개 자신이 인터넷 중독이라고 느끼며, 학업에 곤란을 겪는다. 또한 심리적으로 불안정감 및 대인 관계 기피, 우울한 기분을 느끼는 경우가 흔하며, 성격적으로 자기 조절에 심각한 어려움을 보이며, 충동성도 높은 편이다. 현실 세계에서 대인 관계에 문제를 겪거나, 외로움을 느끼는 경우도 많다.

▷ **인터넷 중독 성향이 매우 높으므로 관련기관의 전문적 지원과 도움이 요청된다.**

고위험사용자군	중·고교생	총　점▶ ① 48~52점 요인별▶ ② 1요인 15점 이상　③ 3요인 10점 이상　④ 6요인 12점 이상
	초등학생	총　점▶ ① 41~45점 요인별▶ ② 1요인 13점 이상　③ 3요인 9점 이상　④ 6요인 10점 이상

판정: ①~④ 중 한 가지라도 해당되는 경우

고위험 사용자에 비해 보다 경미한 수준이지만, 일상생활에서 장애를 보이며, 인터넷 사용 시간이 늘어나고 집착을 하게 된다. 학업에 어려움이 나타날 수 있으며, 심리적 불안정감을 보이지만 절반 정도의 학생은 자신이 아무 문제가 없다고 느낀다. 대체로 중·고생은 1일 약 3시간 정도, 초등생은 2시간 정도의 접속 시간을 보이며, 다분히 계획적이지 못하고 자기 조절에 어려움을 보이며, 자신감도 낮은 경향이 있다.

▷ **인터넷 과다 이용의 위험을 깨닫고 스스로 조절하고 계획적으로 사용하도록 노력한다. 인터넷 중독에 대한 주의가 요망되며, 학교 및 관련 기관에서 제공하는 건전한 인터넷 활용 지침을 따른다.**

일반사용자군	중·고교생	총　점▶ ① 47점 이하 요인별▶ ② 1요인 14점 이하　③ 3요인 9점 이하　④ 6요인 11점 이하
	초등학생	총　점▶ ① 40점 이하 요인별▶ ② 1요인 12점 이하　③ 3요인 8점 이하　④ 6요인 9점 이하

판정: ①~④ 모두 해당되는 경우

중·고생의 경우 1일 약 2시간, 초등생 약 1시간 정도의 접속 시간을 보이며, 대부분 인터넷 중독 문제가 없다고 느낀다. 심리적 정서 문제나 성격적 특성에서도 특이한 문제를 보이지 않으며, 자기 행동을 잘 관리한다고 생각한다. 주변 사람들과의 대인 관계에서도 자신의 충분한 지원을 얻을 수 있다고 느끼며, 심각한 외로움이나 곤란함을 느끼지 않는다.

▷ **인터넷의 건전한 활용에 대하여 자기 점검을 지속적으로 수행한다.**

K-척도를 이용한 인터넷 중독 자가 진단(초·중등학생 20문항)검사지와 채점기준을 제시한 것이다(http://www.iapc.or.kr).

청소년 관찰자 진단지

작성일: 20   년   월   일
관찰자 성명:
사용자와 관계:
사용자 성명:
▷▶ 다음은 당신이 관찰한 인터넷 사용자의 행동에 대한 문항입니다.

각 문항이 그 사용자의 행동에 해당되면 "예", 아니면 "아니오"에 "○"표 해 주세요.

번호		항목	예	아니오
1	1	누가 봐도 인터넷에 중독된 것을 단번에 알 수 있다.		
	2	인터넷 문제로 가족들과 자주 싸운다.		
	3	식사나 휴식 없이 화장실도 가지 않고 인터넷을 한다.		
	4	인터넷 사용으로 학교 성적이 떨어졌다		
	5	인터넷 사용 때문에 피곤해서 수업 시간에 잔다(혹은 잔다고 한다).		
2	6	인터넷을 하면서 혼자 욕을 하거나 소리를 지른다.		
	7	인터넷을 하고 있지 않을 때에도, 인터넷에서 나오는 소리가 들리고 인터넷을 하는 꿈을 꾼다고 말한다(혹은 그렇게 보인다).		
3	8	인터넷을 하고 있을 때만, 흥미진진해 보이고 생생해 보인다.		
	9	평소와는 달리, 인터넷을 할 때만, 할 말을 다하고 자신감이 있어 보인다.		
	10	인터넷만 재미있어 하는 것 같다.		
4	11	인터넷에 빠진 이후로 폭력(언어적, 신체적)적으로 변했다.		
	12	인터넷 하는데 건드리면 화내거나 짜증을 낸다.		
4	13	인터넷을 안 할 때, 다른 것에 집중하지 못하고, 불안해 보인다.		
5	14	주변 사람들의 시선이나 반응에 무관심하다.		
6	15	약속을 지키지 않고 거짓말을 자주 한다.		
	16	인터넷을 하느라 상당한 용돈을 쓰고 빚을 지기도 한다.		
	17	인터넷을 몰래 하다가 들켰다.		
7	18	하루에 4시간 이상 움직이지 않고 한 곳에서 인터넷을 한다.		
	19	인터넷을 하느라 학교를 무단으로 빠지거나 지각한다.		
	20	하루 이상을 밤을 새우면서 인터넷을 한다.		

청소년 관찰자 진단(채점 기준)

점수	1점=예 0점=아니오	채점하기	(1점× ___개)=총 ___점

	일반 사용자군	**3점 미만** 인터넷을 자신의 흥미와 욕구, 목적에 맞게 사용하는 경우로, 인터넷 사용 시간을 적절하게 조절할 수 있다. 원하는 목적을 이루고 나면 지체하지 않고 인터넷 접속을 종료한다. 필요에 의해서 인터넷에 접속하고 당장 인터넷을 사용할 수 없어도, 그다지 불편감을 느끼지 않고 참고 기다릴 수 있으며, 인터넷 사용으로 인한 정서, 행동, 직업, 대인 관계에 별다른 영향을 받지 않는 건전한 사용자들이 속하는 유형이다. ▷ 치료적 접근: **불필요**
사용자군별 해석	잠재적 위험 사용자군	**3점 이상 ~ 10점 미만** 현실의 대인 관계가 현저하게 줄어들면서 사이버 세계가 대인 관계의 중심이 되며, 이러한 인터넷 과다 사용으로 인해 일상생활에 문제가 발생하고(예: 학교/직장에서 경고를 받거나 지각, 지연) 주변 사람들도 이러한 문제를 인식하기 시작하고 인터넷 사용에 대한 걱정과 염려, 잔소리를 표현한다. 인터넷을 사용할 수 없는 상황은 회피하게 되고 인터넷을 사용하지 못하는 상황에서 불안, 초조, 짜증, 분노를 경험하며 수면 부족, 피로감, 금전적 소비가 증가한다. 심지어 인터넷 사용과 관련해서 거짓말을 하거나 변명, 합리화하고 자신의 인터넷 사용을 축소/은폐하려는 시도를 보인다. 최소한의 사회생활을 하지만 인터넷 사용으로 인해 사용 이전에 비해 뚜렷한 생활의 변화가 생기고 인터넷을 조절하기 위해서 외부의 도움이 필요한 단계이다. ▷ 치료적 접근: **상담 요망** **정신 건강 관련 분야에서의 전문적인 상담이 필요합니다.**
사용자군별 해석	고위험 사용자군	**10점 이상** 인터넷 사용을 자기의 의도대로 적절하게 조절할 수 없는 상태에 이른 경우로, 대부분의 시간을 인터넷에서 보낸다. 식음을 전폐하고 씻지도 않고 인터넷에 몰두하고 며칠씩 외박을 하기도 하며, 심지어 현실과 사이버 세상을 구분하지 못하고 혼란을 경험한다. 인터넷을 하지 못하게 되면 심각한 불안, 초조, 짜증, 분노를 경험하고 폭력적인 말과 행동을 보이는 등, 감정 조절에 어려움이 있다. 가족 갈등이나 대인 관계 문제가 빈번하게 발생하고 학교에서 쫓겨나는 등, 사회생활에 뚜렷한 장애가 있다. 현실 생활보다는 인터넷이 생활의 중심이 되어, 가족이나 주변 사람들을 전혀 고려하지 않고 사회적인 역할을 수행하지 못하며 하루 종일 인터넷에 빠져 있는 상태로 전문적인 치료가 시급한 단계이다. ▷ 치료적 접근: **집중 치료 요망** **전문 치료 기관에서 인터넷 병적 사용에 대한 집중적인 치료가 필요합니다.**

K-척도를 이용한 인터넷 중독 관찰자 진단(초·중등학생 20문항)은 다음 웹사이트를 이용하여 진단할 수 있다(http://www.iapc.or.kr).

K-척도의 채점 방법은 다음과 같다.

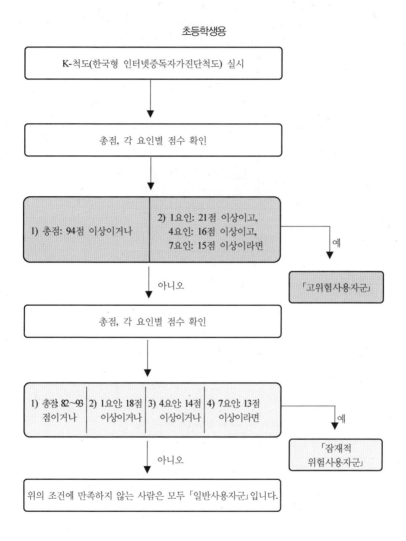

초등학생용

K-척도(한국형 인터넷중독자가진단척도) 실시

총점, 각 요인별 점수 확인

1) 총점: 94점 이상이거나 | 2) 1요인: 21점 이상이고,
4요인: 16점 이상이고,
7요인: 15점 이상이라면 → 예 → 「고위험사용자군」

아니오 ↓

총점, 각 요인별 점수 확인

1) 총점 82~93 점이거나 | 2) 1요인: 18점 이상이거나 | 3) 4요인: 14점 이상이거나 | 4) 7요인: 13점 이상이라면 → 예 → 「잠재적 위험사용자군」

아니오 ↓

위의 조건에 만족하지 않는 사람은 모두 「일반사용자군」입니다.

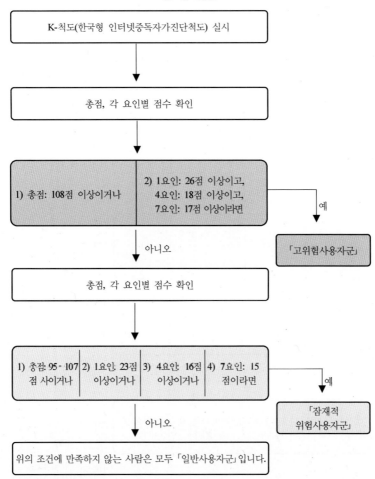

3. 게임 과몰입 경향성 검사: G-척도

일생의 계획은 어릴 때에, 일 년의 계획은 봄에,
하루의 계획은 아침에 세워라.
—명심보감

앞서 살펴보았던 K-척도를 개발한 한국정보화진흥원은 인터넷 중
독과 차별되는 게임 중독성 검사를 위해 G-척도를 개발하였다. 게임
중독이라는 용어에서 풍기는 부정적 인식을 제고하기 위해 게임 과
몰입 경향성 검사로 명명하고 게임 과몰입 자가 진단 테스트를 청소
년용과 초등학교 고학년용, 초등학교 저학년용 및 유치원생용의 3가
지 형태로 개발되었다.

청소년용 게임 과몰입 경향성 검사 문항(만 13~18세)

문항내용	전혀 그렇지 않다 1	때때로 그렇다 2	자주 그렇다 3	항상 그렇다 4
1. 게임을 하는 것이 친한 친구들과 어울리는 것보다 더 좋다.				
2. 게임 공간에서의 생활이 실제 생활보다 더 좋다.				
3. 게임 속의 내가 실제의 나보다 더 좋다.				
4. 게임에서 사귄 친구들이 실제 친구들보다 나를 더 알아준다.				
5. 게임에서 사람을 사귀는 것이 더 편하고 자신 있다.				
6. 밤늦게까지 게임을 하느라 시간 가는 줄 모른다.				
7. 게임을 하느라 해야 할 일을 못한다.				

8. 갈수록 게임을 하는 시간이 길어진다.				
9. 점점 더 오랜 시간 게임을 해야 만족하게 된다.				
10. 게임을 그만두어야 하는 경우 게임을 그만두는 것이 어렵다.				
11. 게임하는 시간을 줄이려고 노력하지만 실패한다.				
12. 게임을 안 하겠다고 마음먹고도 다시 게임을 하게 된다.				
13. 게임 생각 때문에 공부에 집중하기 어렵다.				
14. 게임을 못 한다는 것은 견디기 힘든 일이다.				
15. 게임을 하지 않을 때에도 게임 생각을 하게 된다.				
16. 게임으로 인해 생활에 문제가 생기더라도 게임을 해야 한다.				
17. 게임을 하지 못하면 불안하고 초조하다.				
18. 다른 일 때문에 게임을 못 하게 될까 봐 걱정된다.				
19. 누가 게임을 못 하게 하면 신경질이 난다.				
20. 게임을 못 하게 되면 화가 난다.				
총점: / 80				

청소년용 게임 과몰입 경향성 척도

일반사용자	37점 이하	잠재적 위험군	38~48점	고위험군	49점 이상

청소년용 게임 과몰입 척도 해석

유형	분류기준	특성	비고
고위험사용자	게임 과몰입 점수 (49점 이상)	현실 세계보다는 가상의 게임 세계에 몰입하여 게임 공간과 현실 생활을 혼돈하거나 게임으로 인하여 현실 세계의 대인 관계나 일상생활에 부적응 문제를 보이며, 부정적 정서를 나타 낸다.	전문적 치료 지원 및 상담 요망
고위험사용자	게임 과몰입 점수 (49점 이상)	하루 2시간 30분 이상 매일 게임을 하는 경우가 많으며, 게임을 하느라 친구와 어울리지 못하는 등 게임 행동을 적절하게 조절할 수 없는 상태이다. 일반적으로 자기 통제력이 낮아 일시적인 충동이나 즉각적인 만족을 추구하며 인내력과 효율적인 문제 해결 능력이 부족한 경향을 보인다. 또한 공격적 성향이 높으며 자신에 대해 부정 적으로 생각하는 경향이 강하다.	전문적 치료 지원 및 상담 요망

잠재적위험사용자	게임 과몰입 점수 (38~48점)	고위험사용자에 비해 낮은 수준이나 가상 세계에 대해 더 많은 관심을 보이며 게임에 몰입하여 게임과 현실 생활을 혼동하거나 게임으로 인하여 현실 세계의 대인 관계, 일상생활에 문제를 나타내기도 한다. 하루 2시간 이상, 주 5~6회 정도 게임을 한다. 공격적 성향을 보이며 자기 통제력이 낮고 충동적이며 자기 위주로 생각하고 말보다는 행동이 앞서는 경향이 있다. 자신에 대해 부정적으로 생각하는 경향을 보인다.	게임 과몰입 행동 주의 및 예방 프로그램 요망
일반사용자	게임 과몰입 점수 (37점 이하)	게임 습관을 스스로 조절할 수 있으며, 게임과 현실세계에 대한 구분이 명확하고 게임으로 인한 정서적인 변화를 경험하지 않는다. 하루 1시간 30분 이하, 주 1~2회 이하 게임을 하는 등 인터넷 게임 사용을 적절하게 조절할 수 있다. 자신의 욕구를 적절히 조절할 수 있으며 효율적으로 문제를 해결하는 경향을 보인다. 일시적인 충동에 의하거나 즉각적인 만족을 주는 문제 행동을 회피하고 인내할 수 있는 능력이 높다. 자신에 대해 긍정적으로 생각하는 경향이 강하다.	지속적 자기점검 요망

G-척도를 이용한 게임 과몰입 경향성 자가 진단(청소년용)은 다음 웹사이트를 이용하여 진단할 수 있다(http://www.iapc.or.kr).

초등 고학년용 게임 과몰입 경향성 검사 문항(만 9~12세)

문항내용	전혀 그렇지 않다 1	때때로 그렇다 2	자주 그렇다 3	항상 그렇다 4
1. 게임으로 인해 학교생활이 재미없게 느껴진다.				
2. 게임을 하는 것이 친한 친구와 노는 것보다 더 좋다.				
3. 게임 속의 내가 실제의 나보다 더 좋다.				
4. 게임에서 사귄 친구들이 나를 더 알아준다.				
5. 게임에서 사람을 사귀는 것이 더 편하다.				
6. 내 캐릭터가 다치거나 죽으면 실제로 내가 그렇게 된 것 같다.				
7. 게임을 하느라 학교 숙제를 할 시간이 없다.				
8. 게임을 하느라 해야 할 일을 못한다.				
9. 게임하는 시간이 점점 길어진다.				
10. 처음에 계획했던 게임 시간을 지키기 어렵다.				

11. 게임을 그만하라는 말을 듣고도 그만두기가 어렵다.				
12. 게임하는 시간을 줄이려고 하지만 잘 안 된다.				
13. 게임을 안 하겠다고 마음먹고도 다시 게임을 하게 된다.				
14. 게임을 하면서 전보다 짜증이 늘었다.				
15. 다른 할 일이 많아도 게임을 먼저 한다.				
16. 게임을 못 하면 하루가 지루하고 재미없다.				
17. 게임을 안 할 때도 게임 생각이 난다.				
18. 야단을 맞더라도 게임을 하고 싶다.				
19. 게임을 하지 못하면 불안하다.				
20. 누가 게임을 못 하게 하면 화가 난다.				
총점:　　／ 80				

초등 고학년용 게임 과몰입 경향성 척도

일반사용자	35점 이하	잠재적 위험사용자	36~45점	고위험사용자	46점 이상

초등 고학년용 게임 과몰입 척도 해석

유형	분류기준	특성	비고
고위험사용자	게임 과몰입 점수 (46점 이상)	현실 세계보다는 가상의 게임 세계에 몰입하여 게임 공간과 현실 생활을 혼돈하거나 게임으로 인하여 현실세계의 대인 관계나 일상생활에 부적응 문제를 보이며, 부정적 정서를 나타낸다. 혼자서 하루 2시간, 주 5~6회 이상 게임을 하며 게임행동을 조절하는 데 어려움을 보인다. 일반적으로 자기 통제력이 낮아 일시적인 충동이나 즉각적인 만족을 추구하며 인내력과 효율적인 문제 해결 능력이 부족한 경향을 보인다. 또한 공격적 성향이 높으며 자신에 대해 부정적으로 생각하는 경향이 강하다.	전문적치료 지원 및 상담 요망
잠재적 위험사용자	게임 과몰입 점수 (36~45점)	고위험사용자에 비해 낮은 수준이나 가상 세계에 대해 더 많은 관심을 두고 게임에 몰입하는 경향을 보이며 게임과 현실 생활을 혼돈하거나 게임으로 인하여 현실 세계의 대인 관계, 일상생활에 문제를 나타내기도 한다. 하루 1시간 30분, 주 3~4회 정도, 혼자서 게임을 하는 경향이 있다. 공격적 성향을 보이며, 자기 통제력이 낮고 충동적이며 자기 위주로 생각하고 말보다는 행동이 앞서는 경향이 있다. 자신에 대해 부정적으로 생각하는 경향을 나타내기도 한다.	게임 과몰입행동 주의 및 예방 프로그램 요망

잠재적 위험 사용자	게임 과몰입 점수 (36~45점)	고위험사용자에 비해 낮은 수준이나 가상 세계에 대해 더 많은 관심을 두고 게임에 몰입하는 경향을 보이며 게임과 현실 생활을 혼동하거나 게임으로 인하여 현실 세계의 대인 관계, 일상생활에 문제를 나타내기도 한다. 하루 1시간 30분, 주 3~4회 정도, 혼자서 게임을 하는 경향이 있다. 공격적 성향을 보이며, 자기 통제력이 낮고 충동적이며 자기 위주로 생각하고 말보다는 행동이 앞서는 경향이 있다. 자신에 대해 부정적으로 생각하는 경향을 나타내기도 한다.	게임 과몰입행동 주의 및 예방 프로그램 요망
일반 사용자	게임 과몰입 점수 (35점 이하)	게임 습관을 스스로 조절할 수 있으며, 게임과 현실세계에 대한 구분이 명확하여 게임으로 인해 정서적인 영향을 받지 않는다. 하루 1시간 이하, 주 1~2회 이하 친구와 형제 등 주변 사람들과 함께 게임을 하는 등 인터넷 게임 사용을 적절하게 조절할 수 있다. 자신의 욕구를 조절하고 효율적으로 문제를 해결하는 경향을 보인다. 일시적인 충동에 의하거나 즉각적인 만족을 주는 문제 행동을 회피하고 인내할 수 있는 능력이 높다. 자신에 대해 긍정적으로 생각하는 경향이 강하다.	지속적 자기점검 요망

G-척도를 이용한 게임 과몰입 경향성 자가 진단(초등 고학년)은 다음 웹사이트를 이용하여 진단할 수 있다(http://www.iapc.or.kr).

유아·초등 저학년 인터넷 게임 중독 경향성 척도(부모용)

20__년 __월 __일 자녀이름: _____ (남, 여) 나이

게임 과몰입 환경특성 내용	전혀 그렇지 않다 1	때때로 그렇다 2	자주 그렇다 3	항상 그렇다 4
1. 부모의 형편상(직장 생활, 질병 등) 집에서 아이의 하루 생활을 관리하는 데 어려움이 있다.				
2. 우리 아이는 혼자서 시간을 보내는 경우가 많다.				
3. 우리 아이가 게임을 하는 데 보내는 시간이 얼마나 되는지 알고 있다.				
4. 아이가 하는 게임의 종류나 시간에 대해 일관된 양육 기준을 가지고 관리한다.				
총점: / 16				

게임 과몰입 행동특성 내용	전혀 그렇지 않다 1	때때로 그렇다 2	자주 그렇다 3	항상 그렇다 4
1. 우리 아이는 친구들과 만나는 것보다 집에서 게임하는 것을 더 좋아한다.				
2. 우리 아이는 또래와 놀 때에도 주로 게임을 한다.				
3. 우리 아이는 가족이나 친지의 모임에서도 게임만 하려고 한다.				
4. 우리 아이는 외출을 할 경우 (게임을 하고 싶어) 집에 빨리 들어오려고 한다.				
5. 우리 아이는 게임 아이템을 사 달라고 하거나 캐시 충전을 해달라고 조르는 경우가 있다.				
6. 우리 아이의 놀이나 대화 내용은 주로 게임과 관련된 것이다.				
7. 우리 아이는 게임 이외의 다른 활동에는 별다른 흥미가 없다.				
8. 우리 아이는 일상생활 중에도 게임에 대한 생각을 많이 한다.				
9. 우리 아이는 밖에서 노는 것보다 집에서 게임하기를 원한다.				
10. 우리 아이는 게임을 못 하게 하면, 불안해하거나 다른 일에 의욕을 보이지 않는다.				
11. 우리 아이는 게임을 하지 못한 날에는 괜한 심통을 부리거나 사소한 일에 화를 낸다.				
12. 우리 아이는 게임을 할 때 자기도 모르게 욕을 하거나 흥분된 모습을 보인다.				
13. 우리 아이는 게임을 할 때 컴퓨터가 느리거나 게임 사이트에 문제가 생기년 안설부절못하며 과격하게 행동한다.				
14. 우리 아이는 폭력적이거나 잔인한 게임 장면에 아무렇지도 않게 반응한다.				
총점: / 56				

유아·초등 저학년 인터넷 게임 과몰입 경향성 척도

구분		게임 과몰입 행동 특성	
		부적절(22점 이상)	적절(21점 이하)
게임 과몰입 환경특성	부적절(9점 이상)	위험군	환경개선군
	적절(8점 이하)	잠재군	일반군

유아·초등 저학년 인터넷 게임 과몰입 경향성 척도

유형	분류기준	특성	비고
게임 과몰입 경향 위험군	게임 과몰입 행동 특성 22점 이상이고, 게임 과몰입 환경 특성 9점 이상	현실 세계보다는 가상의 게임 세계에 대한 흥미가 높아 게임에 몰입하고 있으며, 게임을 중단하는 경우 부정적인 행동이나 정서반응을 보인다. 부모와 가정 환경적 특성이 자녀의 부정적 게임 행동을 조장하는 경향이 크기 때문에 앞으로 게임 과몰입으로 발전할 경향성을 지닌 집단이다.	아동의 게임 행동 문제 전문 상담 및 부모 교육 요망
게임 과몰입 경향 잠재군	게임 과몰입 행동 특성 22점 이상이고,게임 과몰입 환경 특성 8점 이하	현실 세계보다는 가상의 게임 세계에 대한 흥미가 높아 게임에 몰입하고 있으며, 게임을 중단하는 경우 부정적인 행동이나 정서 반응을 보인다. 그러나 부모와 가정 환경적 특성이 자녀의 게임 행동에 비교적 적절한 대처를 하고 있으나 유아의 게임 행동을 보다 적절히 조절해 주지 않는다면 앞으로 게임 과몰입의 위험성이 높은 집단이다.	아동의 게임 행동 문제 상담 및 관리 요망
게임 과몰입 경향 환경개선군	게임 과몰입 행동 특성 21점 이하이고, 게임 과몰입 환경 특성 9점 이상	현재 나타내고 있는 게임 과몰입 행동의 문제는 적으나 부모와 가정 환경적 특성이 적절한 지도와 대처를 하지 못하기 때문에 환경적 문제의 개선이 이루어지지 않으면 앞으로 아동의 게임 과몰입 행동의 문제가 나타날 가능성이 있는 집단이다.	게임 행동에 대한 지속적 관리 및 부모 교육 요망
게임 과몰입 경향 일반군	게임 과몰입 행동 특성 21점 이하이고, 게임 과몰입 환경 특성 8점 이하	게임 행동과 이에 대한 부모 및 가정 환경적 대처가 적절하므로 게임 과몰입의 경향성은 상대적으로 낮은 집단이다. 지속적인 관심과 지도가 필요하다.	일반적인 관리 요망

G-척도를 이용한 게임 과몰입 경향성 자가 진단(초등 저학년 및 유치원생)은 다음 웹사이트를 이용하여 진단할 수 있다(http://www.iapc.or.kr).

4. 기타 인터넷 및 게임 중독 검사

어떤 일을 할 수 없다고 생각하고 있는 동안은
사실은 그것을 하기 싫다고 다짐하고 있는 것이다.
— 스피노자(네덜란드 철학자, 1632~1677)

    이순묵 외 공동 연구자(2007)들은 인터넷 중독 진단 방식의 전환이라는 연구에서 인터넷 사용 행동 설문지를 개발하고 인터넷 사용자의 범주를 4개의 유형으로 구분하였다. 그리고 각 사용자군의 특징과 67개의 사례를 제시하였다. 이러한 인터넷 사용자의 행동과 특징은 대부분 게임 사용자군과 유사하게 나타난다.

인터넷 사용 행동 설문

번호	항목	예	아니오
1	하루에 12시간 이상 움직이지 않고 한 곳에서 인터넷을 한다.		
2	인터넷을 하느라 연락 없이 하루 이상 외박을 한다.		
3	인터넷 문제로 가족들과 자주 싸운다.		
4	식사나 휴식 없이 화장실도 가지 않고 인터넷을 한다.		
5	인터넷을 하느라 주변 사람들에게 무관심하다.		
6	인터넷을 하느라 전화도 받지 않는다.		
7	인터넷을 하는 장소에서 잠을 자고 끼니를 때운다.		
8	인터넷을 하느라 씻지 않고 이틀 이상 보낸다.		
9	인터넷을 하느라 학교나 회사를 빠진다.		
10	눈빛이 흐릿하고 멍하다.		
11	인터넷을 하면서 혼자 욕을 하거나 소리를 지른다.		

12	하루 이상 밤을 새우면서 인터넷을 한다.		
13	인터넷을 하느라 상당한 돈을 쓰고 빚을 지기도 한다.		
14	주변 사람들의 시선이나 반응에 무관심하다.		
15	누가 봐도 인터넷에 중독된 것을 단번에 알 수 있다.		
16	약속을 지키지 않고 거짓말을 자주 한다.		
17	인터넷 때문에 욕을 하거나 폭력을 휘두른다.		
18	인터넷을 하느라 주변이 지저분하다.		
19	인터넷을 하는데 건드리면 화낸다.		
20	인터넷을 하기 전보다 건강이 나빠졌다.		

인터넷 사용 행동 설문을 통해서 나온 점수가 0점인 경우 일반사용자군, 1~5점은 자기 관리 요망군, 6~15점은 전문 상담 요망군, 16점 이상은 집중 치료 요망군으로 분류된다. 각 사용자군의 특징을 살펴본다.

첫 번째, 일반 사용자군으로 인터넷 사용에 전혀 문제가 없는 사용자들의 특징은 다음과 같다.

· 필요에 의해서 인터넷에 접속하고 인터넷을 자신의 흥미와 욕구 목적에 맞게 사용한다.

· 인터넷 사용 시간을 적절하게 조절할 수 있다.

· 원하는 목적을 이루고 나면 지체하지 않고 인터넷 접속을 종료한다.

· 당장 인터넷을 사용할 수 없어도 그다지 불편함을 느끼지 않고 참고 기다릴 수 있다.

· 인터넷 사용으로 인한 정서, 행동, 직업, 대인 관계에 별다른 연향을 받지 않는다.

· 치료가 불필요하다.

두 번째, 자기 관리 요망군으로 인터넷 사용에 주의를 요하는 사용자의 특징은 다음과 같다.

- 목적 외에 인터넷 사용 시간이 늘어나기 시작한다.
- 인터넷 사용에서 잠재적인 문제가 발생할 수 있는 가능성을 가진다.
- 현재 뚜렷한 문제없이 일상생활을 유지한다.
- 인터넷을 사용할 수 없는 상황에서 궁금함, 답답함, 약간의 짜증을 경험한다.
- 꼭 필요하지 않아도 습관적으로 인터넷에 접속한다.
- 수시로 메일이나 카페 등을 확인한다.
- 인터넷 속도가 느리면 기다리지 못하고 재접속하거나 반복 클릭을 하는 등 인내심이 부족해진다.
- 인터넷을 사용하느라 업무에 지장을 초래할 정도는 아니지만 다소간의 문제가 발생한다.
- 해야 할 일을 미루게 되어 늦어지거나 못 한다.
- 혼자 보내는 시간의 많은 부분을 인터넷을 통해 해결하려는 경향성을 보이게 된다.
- 인터넷이 생활의 중요한 부분을 차지하는 단계이다.
- 건강한 인터넷 사용과 사회적, 직업적 기능 수행을 위해 효율적인 시간 관리가 필요하다.

세 번째, 전문 상담 요망군으로 중독을 의심해야 하는 사용자군의 특징은 다음과 같다.

- 현실의 대인 관계가 현저하게 줄어들면서 사이버 세계가 대인 관계의 중심이 된다.
- 인터넷 과다 사용으로 인해 일상생활에 문제가 발생한다.
- 학교나 직장에서 경고를 받거나 지각, 벌칙을 받는다.

- 주변 사람들도 이러한 문제를 인식하기 시작하고 인터넷 사용에 대한 걱정과 염려와 잔소리를 한다.
- 가급적 인터넷을 사용할 수 없는 상황은 회피하게 된다.
- 인터넷을 하지 못하는 상황이 되면 불안, 초조, 짜증, 분노를 경험하게 된다.
- 수면 부족, 피로감, 금전적 소비가 증가한다.
- 인터넷 사용에 관해 거짓말을 하거나 변명, 합리화하며 인터넷 사용에 대해 축소, 은폐하려는 시도를 보인다.
- 최소한의 사회생활을 하지만 인터넷 사용으로 인해 뚜렷한 생활의 부정적 변화가 생긴다.
- 인터넷을 조절하기 위해서 외부의 도움이 필요하게 된다.
- 정신 건강 관련 분야에서의 전문적인 상담이 필요하다.

네 번째, 집중 치료 요망군으로 인터넷 또는 게임 중독이 심각한 사용자의 특징은 다음과 같다.

- 인터넷 사용을 자기의 의도대로 조절할 수 없는 상태에 이른다.
- 대부분의 시간을 인터넷에서 보낸다.
- 식음을 전폐하고 씻지도 않고 인터넷에 몰두한다.
- 며칠씩 밤을 새우거나 외박을 한다.
- 현실과 사이버 세상을 구분하지 못하고 혼란을 경험한다.
- 인터넷을 하지 못하게 되면 심각한 불안, 초조, 짜증, 분노를 경험한다.
- 폭력적인 말과 행동을 보이는 등 감정 조절에 어려움이 발생한다.
- 가족 갈등이나 대인 관계 문제가 빈번하게 발생한다.
- 학업을 할 수 없게 되고 직장에서 쫓겨나게 되는 등 사회생활에 심각한 장애가 발생한다.

- 현실 생활보다는 인터넷이 생활의 중심이 된다.
- 가족이나 주변 사람들을 전혀 고려하지 않게 되고 사회적 역할을 수행하지 못한다.
- 인터넷 사용 또는 게임과 같은 모방 범죄를 저지르고 금전적인 필요에 의해 비행과 범죄 행위를 저지른다.
- 전문 치료 기관에서 인터넷 병적 사용에 대한 집중적인 치료가 필요하다.

다음의 검사지는 김유정(2002)이 청소년을 위한 인터넷 게임 중독성을 검사하기 위해 만든 척도이다.

문항	항상 그렇다	자주 그렇다	가끔 그렇다	전혀 그렇지 않다
1. 가끔 현실과 게임 공간이 구분이 안 될 때가 있다.				
2. 게임을 하고 있지 않는데도 게임을 하는 느낌이 든다.				
3. 게임 속의 인물처럼 행동하고 싶을 때가 있다.				
4. 게임을 하는 도중 주인공이 다치거나 죽으면 마치 내가 그러는 느낌이 든다.				
5. 가장 친한 친구와 노는 것보다 게임을 더 좋아한다.				
6. 게임이 없다면 생활이 지루하고, 허전하며, 기쁨이 없을 것이라고 걱정한다.				
7. 게임을 하지 않을 때에도, 게임에 대한 생각으로 꽉 차있거나 접속하는 것을 상상한다.				
8. 남들과 밖에서 놀기보다는 게임으로 시간을 보내는 걸 택한다.				
9. 게임을 하지 않을 때는 우울하거나 신경이 날카롭다가도 게임을 하게 되면 그런 기분이 사라진다.				
10. 처음에 마음먹었던 것보다 더 오래 게임을 하게 된다.				
11. 게임으로 시간을 보내느라 다른 해야 할 일을 소홀히 한다.				
12. 게임을 할 때, "조금만 더 하고 그만두어야지"라고 생각하면서도 계속한다.				

13. 게임하는 시간을 줄이려고 노력하지만 실패한다.					
14. 게임을 오래 해서 허리가 아프다.					
15. 게임을 오래 해서 눈이 침침하다.					
16. 게임을 오래 해서 머리가 아프다.					
17. 밥 먹는 것도 잊고 게임을 하는 경우가 많다.					
18. 게임을 하느라 씻는 것도 귀찮아졌다.					
19. 게임으로 많은 시간을 보내기 때문에 성적이나 학교 일에 지장을 받는다.					
20. 공부나 해야 할 일을 하기 전에 먼저 게임부터 하게 된다.					
21. 게임 때문에 학습 능률이 떨어진다.					
22. 학교에서 돌아보면 다른 일이 있어도 게임부터 한다.					
23. 게임을 많이 해서 수업 시간에 조는 횟수가 늘었다.					
24. 게임으로 많은 시간을 보내는 것에 대해 가까운 사람들이 불평한다.					
25. 게임 때문에 부모님께 자주 꾸중을 듣는다.					

다음 검사지는 인터넷 중독 검사지를 변형한 게임 중독 검사지를 거부하고 인터넷 중독과는 별개로 게임 중독의 고유성과 독특성에 비추어 게임 중독 검사지를 개발한 사례이다. 김주환(2008) 외 연구자들은 온라인게임 중독 척도 검사지를 다음과 같이 개발하였다. 각 문항의 고유 항목은 가상 관계 선호, 도취감, 신체 증상, 통제 실패, 일상생활의 항목으로 구분하여 각 4문항씩 총 20문항으로 이루어졌다.

항목	문항	5	4	3	2	1
가상관계선호	게임을 하면서 알게 된 사람들이 현실에서 알고 있는 사람들보다 나에게 더 잘해 주는 것 같다.					
	실제에서보다도 게임 세계에서 나를 인정해 주는 사람들이 더 많다.					
	실제에서보다도 게임에서 만난 사람들을 더 잘 이해하게 된다.					
	실제의 사람들보다 게임에서 만난 사람들과 대화가 더 많다.					

도 취 감	게임을 하지 못하게 되면 우울해지고 짜증이 나지만 게임을 하게 되면 기분이 좋아진다.					
	게임을 하는 동안 나는 가장 자유롭다.					
	게임을 하고 있으면 기분이 좋아지고 흥미진진해진다.					
	게임을 하는 동안 나는 더욱 자신감이 생긴다.					
신 체 증 상	게임 때문에 생활이 불규칙해졌다.					
	게임 때문에 건강이 전보다 나빠진 것 같다.					
	게임을 너무 많이 해서 머리가 아프다.					
	게임을 너무 많이 해서 시력이 나빠졌다.					
통 제 실 패	게임을 하다 보면 처음에 하려던 것보다 오래 한다.					
	'몇 분만' 혹은 '한 판만 하고 그만해야지'라고 생각하면서도 게임을 계속하는 경우가 많다.					
	게임을 하는 시간을 줄이려고 노력하지만 잘 안 된다.					
	게임을 하는 데 점점 더 많은 시간을 쓰게 된다.					
일 상 생 활 방 해	게임을 너무 오래 한다고 부모님께 자꾸 꾸중을 듣는다.					
	게임을 하느라 성적이 떨어지고 숙제를 하지 못하는 등 학교생활에 지 장이 있다.					
	공부나 다른 일을 하기 전에 게임부터 먼저 한다.					
	게임 때문에 공부에 집중하기 힘들다.					
계						

게임에 대한 곱지 못한 시선을 의식한 게임 관련 산업 기관들은 게임으로 나타나는 역기능을 스스로의 자정 작업과 함께 게임 중독의 문제를 해소하기 위해 그린게임 캠페인 홈페이지(http://www.greengame.or.kr/)를 개설하고 게임 중독을 피하면서 건전하고 교육적으로 게임을 활용하도록 지원하고 있다. 그린게임 캠페인에 제시된 게임 습관 자가 진단 테스트는 다음과 같이 간단하게 구성되었다.

1	친구들과 노는 것이 게임을 하는 것보다 재미있어요.
2	실제의 내가 게임 속의 나보다 좋아요.
3	게임 말고도 재미있는 일들이 많아요.
4	게임 때문에 숙제를 안 하거나 해야 할 일을 안 하지는 않아요.
5	부모님께 게임 때문에 거짓말을 하지 않아요.
6	정해진 시간에만 게임을 해요.
7	게임을 하는 것 때문에 야단맞는 것은 싫어요.
8	누군가가 게임을 못 하게 한다고 해서 화가 나지는 않아요.
9	게임을 한다고 해서 평소보다 욕을 많이 하거나 짜증을 더 부리지 않아요.
10	학교 수업 시간이거나 가족들과 있을 때 게임 생각은 거의 나지 않아요.
11	내 캐릭터가 다치거나 죽는다고 해서 너무 슬프거나 힘들지는 않아요.
12	게임 때문에 잠을 안 자거나 밥을 거르지는 않아요.
13	게임 때문에 가족들과 사이가 나빠지거나 하지 않았어요.
14	게임을 할 수 없다고 해서 내 생활이 재미없거나 지루하지는 않아요.
15	게임 속 친구들과 사귀는 것보다 학교 친구를 사귀는 게 편하고 좋아요.

결과 확인
15~11 잘하고 있어요.
10~6 부모님과 상의해 보아요.
5~1 위험해요.

이철현(2007)은 우리나라 초등학생들의 게임 중독 과몰입에 대한 검사 도구를 개발하기 위해 전국 초등학생들을 대상으로 지역을 고르게 선정하여 검사지의 신뢰도와 타당도를 측정하였다. 그 결과, 다른 연구자들이나 관련 기관의 검사 문항과는 다르게 대인 관계 측면, 성격, 신체적 문제 항목에서는 검사에 영향을 미치지 않는 것으로 조사되었다. 따라서 검사 문항을 대폭 줄여서 검사의 부담을 줄이면서 더 정확한 게임 중독 검사 경향성을 확인할 수 있다고 하였다.

문항 번호	문항내용	항상 그렇다	자주 그렇다	가끔 그렇다	별로 그렇지 않다	전혀 그렇지 않다.
1	온라인게임을 하고 있을 때 기분이 좋고 흥미롭다.	⑤	④	③	②	①
2	온라인게임을 하고 있을 때 자유로운 기분이 든다.	⑤	④	③	②	①
3	온라인게임을 할 때에는 걱정이 사라지고 즐겁다.	⑤	④	③	②	①
4	온라인게임을 하는 동안에 자신감이 더욱 많이 생긴다.	⑤	④	③	②	①
5	온라인게임을 하지 못하게 되면 사는 재미가 없어질 것 같다.	⑤	④	③	②	①
6	집에 오면 제일 먼저 온라인게임을 한다.	⑤	④	③	②	①
7	할 일이 많아도 온라인게임부터 하게 된다.	⑤	④	③	②	①
8	온라인게임을 하느라 해야 할 일을 못하는 경우가 있다.	⑤	④	③	②	①
9	온라인게임 때문에 공부나 숙제할 시간이 부족하다.	⑤	④	③	②	①
10	주변사람들로부터 온라인게임을 너무 많이 한다는 얘기를 듣는다.	⑤	④	③	②	①
11	온라인게임 안에서 친구를 사귀는 것이 편하고 좋다.	⑤	④	③	②	①
12	온라인게임을 좋아하는 친구들과 잘 통한다.	⑤	④	③	②	①
13	다른 사람과 온라인게임에 대한 대화를 나누는 것이 즐겁다.	⑤	④	③	②	①
14	온라인게임하는 것을 친구들에게 자랑스럽게 얘기한다.	⑤	④	③	②	①
15	온라인게임을 한번 하기 시작하면 그만두기가 힘들다.	⑤	④	③	②	①
16	온라인게임하는 시간을 줄이기 어렵다.	⑤	④	③	②	①
17	온라인게임을 시작하면 마음먹은 시간보다 오래 하 게 된다.	⑤	④	③	②	①
18	온라인게임 때문에 공부나 숙제를 하기 싫어진다.	⑤	④	③	②	①
19	온라인게임을 하고 있지 않을 때에도 게임이 자꾸 생각난다.	⑤	④	③	②	①
20	온라인게임을 하면서 상대방에게 욕을 하는 경우가 있다.	⑤	④	③	②	①
21	온라인게임 때문에 옳지 않은 행동을 하는 경우가 있다(거짓말 등).	⑤	④	③	②	①
22	온라인게임을 할 때 누군가가 방해하면 화가 난다.	⑤	④	③	②	①
23	온라인게임을 못하게 막는 사람에게 반항하거나 화 를 낸다.	⑤	④	③	②	①
24	온라인게임에서 지면 화가 나고 분해서 견딜 수 없다.	⑤	④	③	②	①
25	온라인게임 때문에 성격이 좋지 않게 변했다.	⑤	④	③	②	①
26	온라인게임 때문에 인내심과 참을성이 없어졌다.	⑤	④	③	②	①
27	온라인게임 때문에 신경질이 많아졌다.	⑤	④	③	②	①

28	온라인게임을 하고 나면 눈이 아프다.	⑤	④	③	②	①
29	온라인게임을 하고 나면 어깨와 손목 등이 쑤시고 아프다.	⑤	④	③	②	①
30	온라인게임을 하느라고 평소에 피곤하다.	⑤	④	③	②	①

◉ 초등학교는 6년 동안 다닌다.
 ① 그렇다 ② 그렇지 않다

◉ 초등학교를 졸업하면 곧바로 고등학교에 올라간다.
 ① 그렇다 ② 그렇지 않다

결과 확인 방법은 다음과 같다.

고위험군

중독 척도 검사		요인 1	요인 2	요인 4	요인 5
평균 점수(T)	원점수	심리적 종속성	일상생활 부적응	인내심 부족	부정적 행동과 감정
68T 이상	100점 이상	21점 이상	18점 이상	21점 이상	17점 이상

각 요인별 5문항의 총점 100점 중 요소 Ⅰ(21 이상), Ⅱ(18점 이상), Ⅳ(21점 이상), Ⅴ(17점 이상) 중 한 가지 이상이 위의 점수를 초과한 경우 고위험군에 속함.

잠재위험군

중독 척도 검사		요인 1	요인 2	요인 4	요인 5
평균 점수(T)	원점수	심리적 종속성	일상생활 부적응	인내심 부족	부정적 행동과 감정
60~68T	83~99	17~20	14~17	17~20	14~16

각 요인별 5문항의 총점 100점 중 요소 Ⅰ(17~20점), Ⅱ(14~17점), Ⅳ(17~20점), Ⅴ(14~16점) 중 한 가지 이상이 위의 점수에 포함된 경우 잠재위험군에 속함.

정상군

중독 척도 검사		요인 1	요인 2	요인 4	요인 5
평균 점수(T)	원점수	심리적 종속성	일상생활 부적응	인내심 부족	부정적 행동과 감정
59T 이하	82점 이하	16점 이하	13점 이하	16점 이하	13점 이하

각 요인별 5문항의 총점 100점 중 요소 Ⅰ(16점 이하), Ⅱ(13점 이하), Ⅳ(16점 이하), Ⅴ(13점 이하)의 범위에 속하면 정상군임.

5. 새로운 접근: H-게임 중독 검사법

중독자에게 자신의 중독성을 스스로 말해 보라??
— 한선관

기존의 인터넷 중독과 게임 중독 검사는 양적인 검사를 바탕으로 주로 자가 진단을 이용하여 판별하는 방법을 사용하였다. 그러나 이러한 방법은 실제 게임 중독에 빠진 사람을 대상으로 실시하기 어려운 점이 있다.

대개 게임 중독에 빠진 학생의 경우 자신이 게임 중독에 빠졌다는 것을 부인하거나 회피하고 숨기는 특성이 있기 때문에 검사지에 정확하게 자신의 상태를 반영하기 어렵다. 실제 초중등학교에서 청소년을 대상으로 매년 반복되는 게임 중독 검사를 실시하다 보면 게임 중독 치료나 예방 교육의 번거로운 절차를 거부한다. 결국 검사지에 게임 중독 고위험군 학생들은 정상군으로 자신의 상태를 거짓으로 표기한다.

따라서 게임 중독에 빠진 고위험군 학생들을 도와주기 어려운 상황이 되고 만다. 이러한 문제를 해결하기 위해 한선관(2009)은 양적인 자가 진단 검사 외에 질적인 접근과 함께 학생 상호 평가와 교사 관찰 및 지목에 의한 면접과 같은 정밀한 검사를 사용하여 정교하게 게임 중독 학생을 선별하는 방법을 제안하였다(http://www.in.re.kr). 검사의 절차는 다음과 같다.

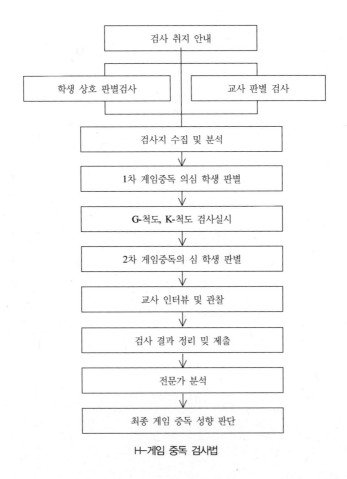

H-게임 중독 검사법

1. 검사 환경을 조성한다. 환경은 편안하고 조용한 분위기에서 실시한다.
2. 검사의 취지를 안내한다. 개인 정보에 대한 보안이 되는 점과 상호 신고가 아닌 어려운 상태의 친구를 돕는다는 점을 강조한다.

그리고 검사의 내용이 객관적인 사실과 관찰 그리고 경험을 토대로 작성되도록 한다.

3. 학생들 간의 상호 판별 검사를 실시한다. 평소 학생들이 관찰한 바대로 게임 중독의 위험이 있는 학생들을 비밀 종이에 적도록 한다. 그리고 대상 학생의 특징과 행동 등을 함께 기술하도록 한다.

4. 학생들 상호 판별 검사와 함께 교사도 평소에 관심을 두었던 게임 중독 의심 학생들의 명단과 특징을 적는다.

5. 교사는 학생들의 상호 판별 검사지를 수집하여 정리하고 조용한 곳에서 검사지를 분석한다. 교사가 지목한 학생과 학생들이 지목한 게임 중독 의심 학생을 분석하고 교사는 인식하지 못하지만 학생들이 지목한 의심 학생들 명단도 분석한다.

6. 검사지 분석을 통하여 게임 중독 의심 학생들을 1차 선별한다.

7. 1차 선별된 학생들을 대상으로 게임 중독 자가 진단 검사(G-척도, K-척도 등)를 실시한다.

8. 검사지가 끝나면 인터뷰와 함께 질문의 시간을 갖고 게임 중독 행동을 인터뷰 기록지에 작성한다.

9. 검사 결과를 제출하도록 하여 전문가로부터 심층 분석과 판별 결과를 판단 하도록 한다.

이러한 학생 상호 판별과 질적 검사를 통한 게임 중독 학생 검사 시 고려할 사항은 다음과 같다.

• 게임 중독 의심 학생들의 개인 신상 및 정보가 침해되지 않도록 보안과 상호 신뢰를 확실하게 확보한다.

• 학생 상호 지목의 경우 범죄자 신고와 같은 상황이 되지 않도록 교육적인 안내가 요구된다.

- 게임 중독 의심 학생에 대한 비방이나 허위 신고, 그리고 왕따 문제와 같은 비교육적인 부분이 나타나지 않도록 세심한 배려를 한다.
- 게임 중독 검사의 과정이 조금 까다롭고 복잡하기 때문에 교사의 업무가 부담될 수 있으므로 중독 검사를 보건 교사가 주관하도록 하거나 담당 교사에게 인센티브를 주도록 한다.

아동 상호 판별 검사지

※ 다음 항목에 해당하는 반 친구가 있다면 이름을 적어 주세요.

1. 컴퓨터 사용
- 게임을 하루에 2시간 이상 하는 친구가 있나요?
- PC방에서 3회 이상 본 친구가 있나요?
- 소형 게임기를 틈나는 대로 하는 친구가 있나요?
- 부모님이 거의 늦게 들어와서 게임에만 몰두하는 친구가 있나요?
- 여러분이 보기에 게임에 과몰입이 되어 보이는 친구가 있나요?
2. 기본 생활 습관
- 주변에 항상 피곤해하고 늦게 일어나는 친구가 있나요?
- 대화의 주제가 게임과 관련된 이야기를 주로 하는 친구가 있나요?
- 부모님이 주신 용돈을 순식간에 사용하는 친구가 있나요?
- 친구들과 어울리지 않고 항상 자신의 집에서만 지내는 친구가 있나요?
- 집에 다양한 게임 CD와 프로그램(다운받은)을 가진 친구가 있나요?
3. 학교생활 태도
- 말이 없고 수줍어하지만 욕설을 하거나 폭력적인 친구가 있나요?
- 수업 시간에 졸거나 학습 활동에 참여하지 않는 친구가 있나요?
- 게임에 대해 해박한 지식을 가진 친구가 있나요?
- 컴퓨터실 수업에서 온라인게임을 바로 접속하는 학생은 누구인가요?

※ 여러분이 지목한 친구에게서 보이는 특징을 몇 가지 적어 주세요.

이름	
특징	
이름	
특징	

교사 게임 중독 아동 검사지

※ 다음 항목에 해당하는 학생의 이름을 적어 주세요.
· 반 학생 중 학부모가 늦게 귀가하는 학생은 누구인가요?
· 수업 시간에 졸거나 피곤해하는 학생은 누구인가요?
· 지각, 조퇴, 결석을 자주하는 학생은 누구인가요?
· 식사 시간에 식욕 부진이 생기는 학생은 누구인가요?
· 수업 중 일탈, 사라지는 학생은 누구인가요?
· 항상 게임 관련 이야기에서 눈빛이 반짝이는 학생은 누구인가요?
· 똑똑한데 과제를 안 해 오고 학습 부진을 보이는 학생은 누구인가요?
· 거의 말이 없으나 욕설을 하고 폭력적인 학생은 누구인가요?
· 항상 휴대폰, 게임기 등을 만지작거리는 학생은 누구인가요?
· 컴퓨터실 수업에서 온라인게임을 바로 접속하는 학생은 누구인가요?
· 학급의 맡은 역할을 피해서 도망가는 학생은 누구인가요?
· 학부모 면담 결과 중독에 빠질 우려가 있는 학생은 누구인가요?
· 전형적으로 게임 중독으로 보이는 학생은 누구인가요?

※ 선생님이 지목한 학생에게서 보이는 특징을 몇 가지 적어 주세요.

이름	
특징	
이름	
특징	

03

게임 중독,
어떻게 예방할까

1. 게임 중독 예방 교육의 개요
2. 게임 중독 예방 교육 프로그램
3. 게임 중독 예방을 위한 정부의 노력

문화체육관광부는 게임셧다운제를 완화한 게임시간선택제를 도입하며 2012년 7월 1일 시행하였다. 게임시간선택제는 밤늦게까지 청소년이 게임을 이용하는 것을 제한하는 셧다운제의 업그레이드 버전이다. 게임 회원으로 가입하고자 할 때 본인 인증을 거친 후 부모에게 자녀의 가입 신청 사실을 알려 승낙을 받아야만 게임에 가입이 가능하다. 기존 가입자의 경우에도 부모가 자녀의 게임 회원 유지를 희망하지 않으면 탈퇴를 요청할 수 있으며 가입을 했다고 하여도 부모의 의지에 따라 나중에 탈퇴시킬 수 있다.

I. 예방 교육의 개요

인내는 희망을 갖기 위한 기술이다.
-퀵 D. 보베나르그

게임 중독 예방 교육은 인터넷과 게임 중독을 사전에 예방하기 위하여 자아 인식, 목표 관리, 스트레스 관리, 시간 관리, 학업 관리, 대인 관계, 대안 활동 등의 교육 과정을 가진 교육 프로그램이다.

게임 중독 예방 교육의 대상은 게임 중독 검사에 의해 판별된 정상 사용자군과 잠재 위험군을 대상으로 한다. 고위험군 또는 치료 요망군의 경우에는 예방 교육의 효과가 낮거나 예방 교육 자체를 거부하고 주변 정상 학습자들에게 부정적인 영향을 주어 교육의 부작용이 발생할 수 있다.

한국정보문화진흥원(2006)에서 연구한 인터넷 중독 실태 조사 결과에 의하면 초등학교 학생들의 인터넷 이용자 중 19.6%가 인터넷 중독 예방 교육을 받았다고 응답했다. 그리고 그중에서 95.0%가 학교에서 선생님이나 전문 강사를 통해서 교육을 받은 것으로 나타났다.

인터넷 중독과 함께 게임 중독 예방 교육에 대한 연구가 많이 진행되고 있다. 한국청소년상담원에서는 '게임은 내 친구'라는 게임 중독 예방 프로그램 책자를 개발하였다. 한국정보화진흥원에서는 구체적인 게임 중독 예방 교육 매뉴얼과 워크북 등을 개발하여 배포하고 있다.

다음은 정아란과 엄기영(2006)이 컴퓨터 게임 과몰입 예방 교육 프로그램 모형의 개발에 관한 연구에서 기존에 개발된 게임 예방 교육 프로그램들 정리한 내용 몇가지를 추가하여 보완한 것이다.

〈표 3-1〉 게임 예방 교육 프로그램 연구

연구자	연도	대상	프로그램명	회기	시간
권희경, 권정혜	2001	중학생	인터넷 사용조절 프로그램	6회	120분
신현명	2001	고등학생	인터넷 게임 중독 치료를 위한 현실 요법 프로그램	8회	90분
이형초	2001	중학생	시범상담 프로그램 Ⅰ-청소년 게임 조절 프로그램	11회	90분
복지와사람들	2001	초·중학생	게임 중독 재활 프로그램	9회	90분
서울시교육청	2001	중·고등학생	PC중독 예방 프로그램	5회	90분
성북교육청	2001	중·고등학생	PC통신/인터넷 중독자를 위한 집단 치료 프로그램	8회	90분
이형초	2002	중학생	중학생을 위한 인지행동 치료프로그램	12회	90분
서울시교육청	2002	중·고등학생	컴퓨터게임 중독 예방과 치료를 위한 집단 상담 프로그램	8회	90분
한국정보화진흥원	2002	초·중고학생	인터넷 사용 조절 프로그램	8회	90분
맑은샘심리상담 연구소	2002	중·고등학생	인터넷 중독 예방과 치료	8회	90분
장재홍, 유정이	2002	중학생	청소년 인터넷 과다 사용 예방 프로그램	4회	90분
이형초, 심경섭	2003	중학생	청소년 인터넷 중독 예방 교육 프로그램	12회	45분
허미리	2003	중·고등학생	학교 적응 상담 프로그램	8회	90분
양미경	2004	초등학생	인터넷게임 중독 예방 프로그램	6회	40분
이수진, 박중규	2004	청소년	온라인게임 중독 예방 교육 프로그램	6회	50분
양미경, 오원옥	2007	초등학생	인터넷게임 중독 예방 교육 프로그램	8회	40분
신수경, 이철현	2007	초등학생	온라인게임 중독 예방 교육 프로그램	10회	40분
한국정보화진흥원	2008	초중고학생	인터넷 중독 예방 가이드	8회	90분

신수경과 이철현(2007)은 초등학생을 위한 온라인게임 중독 예방 교육 프로그램을 개발하여 수업을 실시하였다. 예방 교육의 내용은

온라인게임 중독 이해, 시간 관리 방법, 스트레스 관리 방법, 게임 대안 활동을 중심으로 구성하였다. 또한 10차시 분량의 수업 내용과 교수 학습 지도안과 활동지를 개발하여 실제 초등학생들에게 적용하여 그 효과를 검증하였다. 그 결과, 예방 교육 프로그램이 초등학생의 온라인게임 중독 예방에 긍정적인 효과를 미친다고 하였다.

양미경·오원옥(2007)도 초등학생들을 위한 인터넷게임 중독 예방 교육 프로그램을 개발하고 그 내용으로 인터넷 게임 중독 살펴보기, 스트레스 관리하기, 시간 관리하기, 대인 관계 맺기, 대안 활동 즐기기의 내용으로 교재를 구성하였다. 또한 ICT 활용 수업안과 함께 모둠 수업을 통하여 토론과 문제점 해결 등의 방안을 모색하였다. 적용 결과 온라인게임 중독 예방 교육 프로그램이 초등학생의 인터넷 게임 사용 조절에 대한 자기 제어에 효과가 있다고 하였다.

이수진·박중규(2004)는 청소년을 위한 온라인게임 중독 예방 교육 프로그램을 개발하였다. 이러한 게임 중독 예방 교육 프로그램의 효과에 대하여 학생들이 게임 과다사용의 위험성과 문제점을 인식하였고 반복적인 자기 지시와 제어를 통해 일상생활의 자기 조절 능력이 향상되었으며 부모님과의 계약을 통한 협력 체계가 강화되었고 온라인게임 이외의 대안 활동을 모색하여 스트레스에 대처하고 시간 관리를 하는 등 체계적인 교육 프로그램의 훈련을 통한 문제 해결의 효과를 얻었다고 제시하였다.

이수진과 박중규의 예방 교육 프로그램의 내용은 총 6회분으로 구성되었으며 구체적인 내용은 다음과 같다.

−1회기: 동기유발 및 참여 촉진
　·자신의 게임 습관 확인하기

· 게임관련 문제 행동 찾기

· 프로그램 목표 인식하기

· 나의 기대 목표 쓰기

－2회기: 자기 조절 강화

· 학업 및 게임시간 점검하기

· 게임으로 인한 부정적 영향 탐색

· 자기 지시 강화

· 자기 조절하기

－3회기: 대안 활동

· 자신의 감정 인식하기

· 자신의 감정 표현 방법

· 대안 활동 찾기

－4회기: 자기 효능감

· 자기 효능감 높이기

· 자기의 긍정적인 측면 찾기

· 게임으로 인한 문제의 해결 능력 높이기

－5회기: 시간 관리

· 시간 관리하기

· 우선순위 정하기

· 생활계획표 작성하기

－6회기: 약속하기

· 위기 관리하기

· 행동계약서 작성하기

· 총정리

한국정보문화진흥원(2005)에서 초등학생들의 온라인게임 중독 예방을 위한 6회기의 프로그램을 개발하였다. 예방 교육 프로그램의 내용은 게임의 이해, 게임 대안 활동, 시간관리, 갈등상황 경험, 자기 다짐으로 구성되었다. 그 구체적인 프로그램의 내용은 다음과 같다.

- 1회기: 동기유발, 참여자 친밀감 조성, 자기소개 활동
- 2회기: 게임 습관 인식, 게임의 장단점 이해, 게임으로 나타나는 문제점 확인
- 3회기: 게임의 대안 활동 탐색, 일상생활의 재인식
- 4회기: 시간 관리 방법, 계획적 생활, 학습과의 연계
- 5회기: 게임에 따른 갈등 상황 역할극, 인내심 키우기, 자아 존중감 키우기
- 6회기: 게임 중독 예방 홍보물 제작, 게임 조절 다짐 활동

한국청소년상담원(2008)에서 개발한 게임 중독 예방 교육 프로그램의 책자인 '게임은 내 친구'는 총 5회 분량의 프로그램으로 구성되어 있다. 구체적인 내용은 다음과 같다.

- 1회기: 자기소개 및 게임 몰입 정도 파악하기
- 2회기: 게임 몰입 검사 결과 및 인터넷 사용 욕구 검사 결과 프로파일, 게임 이용 기록
- 3회기: 자기와의 대화, 실천하고 싶은 행동 말하기
- 4회기: 대인 관계 형성, 의사소통 게임 하기
- 5회기: 게임 지침서 제작, 나에게 편지 쓰기 활동

이상과 같이 기존의 연구 자료들과 기관에서 발행한 책자들의 분석을 통하여 게임 예방 교육 프로그램에 대해 살펴보았다. 대부분의

프로그램들이 유사한 내용과 형태로 구성되어 있으며 시간과 분량의 차이만 보이고 있다. 그러나 대부분의 연구 내용들이 예방 교육 프로그램들이 효과가 있으며 현장 적용이 가능하다고 제시되어 있어 구체적인 예방 교육 프로그램을 개발할 경우 많은 도움과 방향을 제시할 수 있을 것으로 보인다.

몇 가지 아쉬운 점은 대부분의 연구가 너무 학생 중심으로만 구성되어 있고 주변 상황과 관계된 사람들과의 협업이 부족한 것이다. 즉 부모 교육과 교사 교육이 함께 전개될 수 있는 프로그램이 필요하다 하겠다. 그리고 예방 교육 프로그램의 시수가 조금 적게 구성된 점과 예방 교육 후 사후 지도에 대한 내용도 보강해야 할 부분이다.

2. 예방 교육 프로그램

인간은 항상 시간이 모자란다고 불평하면서
마치 시간이 무한정 있는 것처럼 행동한다.
－세네카(로마시대 철학자, B.C.4~A.D.65)

이 절에서는 구체적인 게임 예방 교육 프로그램을 실제로 개발해
보도록 한다. 예방 교육 프로그램을 적용하거나 개발하기 위하여 다
음과 같은 점을 고려해야 한다.

- 교육의 목적: 게임 중독에 대한 일반적인 안내와 인식인지, 게임
  중독을 예방하는 태도를 키워 주는 것에 대한 구체적 목표를 가
  져야 한다. 이 부분은 예방 교육 프로그램을 실시 가능한 시간에
  맞추어 설정해야 한다.
- 학생 규모, 학년 수준: 학생의 규모에 따라 집단 예방 교육을 할지
  아니면 개별 프로그램을 투입할지를 결정해야 한다. 또한 학년과
  나이, 성별에 따라 차별화되고 수준에 맞도록 개발 적용해야 한다.
  그리고 G-척도 게임 중독 검사를 실시하여 그 결과 자료를 분석하
  고 참여하는 학생의 실태를 면밀하게 파악하는 것이 좋다.
- 교육 프로그램 규모: 교육 프로그램의 규모와 총 회기 그리고 매
  회기당 수업 시간을 결정한다. 이것은 학교급, 학교의 상황, 교육
  장소 등에 따라 탄력적으로 맞추도록 한다.

- 교육 시간: 교육을 언제 할지가 매우 중요하다. 청소년의 경우 학교에서 실시하게 되는데 요일별 수업 시수나 방과 후 활동과 겹치지 않도록 하며 수업 내에서 실시할 경우 교과 시수를 안배하여 적절하게 지도가 이루어져야 한다.
- 교육 장소: 장소는 학생의 규모, 교육 시간 그리고 교육 프로그램의 규모, 준비물에 따라 결정된다. 일반적으로 시청각 기자재가 있는 곳이나 컴퓨터를 활용할 수 있는 곳이 좋겠지만 그것이 여의치 않을 경우에는 강당, 도서실, 일반 교실에서 실시할 수 있다. 학생 복지관이나 구청이나 동사무소의 청소년 쉼터 등을 이용할 수도 있다.
- 지도자: 예방 교육 프로그램을 지도하는 교사의 전문성이나 경험 여부, 그리고 참여 강사의 수에 따라 프로그램을 잘 설정하여 적용해야 한다. 일반 교사의 경우 게임 중독 예방 교육 프로그램 연수를 실시하여 참여시킬 수 있다. 협조자는 학부모, 보조 강사진, 상담 센터 직원 등에게 요청하여 함께 참여하도록 부탁을 한다.
- 준비 자료: 관련된 동영상 자료와 발표 자료 워크북, 사례, 다양한 프로그램 등을 프로그램에 맞게 준비하여야 한다.

총 10회기의 게임 중독 예방 교육 프로그램을 개발하고자 할 때 시작-탐색-발전-유지-정리의 5단계를 따른다. 각각의 단계에 1시간 이상 분량의 프로그램을 편성하고 각각의 프로그램명을 부여한다.

각 프로그램들은 학습 목표를 설정하여 시작에서 종료하는 시점까지 일관된 방향으로 교육이 진행되도록 한다.

각 프로그램의 개요를 다음과 같이 제시할 수 있다.

단계	회기	제목	목표
시작	1	친밀한 만남	프로그램의 자발적 참여를 위해 동기 유발을 촉진하고 서로에 대해 알아 가며 친밀감을 형성한다.
탐색	2	게임 속의 나	자신의 게임 습관을 확인하고 자신의 존중감과 조절감을 확인한다.
	3	게임 탐험	게임의 긍정적인 사용과 역기능에 대해 이해하고 게임 중독의 위험을 파악한다.
발전	4	자기 이해	자신에 대한 성찰과 긍정적인 마인드를 갖도록 리더십 프로그램을 적용하고 게임 대신 즐기고 산출할 수 있는 대안 활동을 찾는다.
	5	행복한 가족	가족에 대해 관찰하고 행복한 가족을 만들기 위해 자신이 할 일을 찾고 행동한다.
	6	친구관계	친구들의 장점을 찾고 서로를 존중하고 배려하며 함께 어울릴 수 있는 방법을 찾는다.
유지	7	나의 꿈	미래의 꿈과 소망을 문자화하여 자신의 비전과 목표를 작성하고 주도적인 삶을 살도록 마음을 가진다.
	8	소중한 자산, 시간	가장 소중한 자산이 시간이라는 것을 인식하고 시간을 효율적으로 사용하는 방법에 대해 이해한다.
	9	학습과 자신	효과적인 학습 방법을 이해하고 게임 중독으로부터 벗어나기 위한 전략과 자기 통제력을 갖는다.
정리	10	새로운 시작	자신에 대한 존중감을 갖고 게임에서 탈출하여 멋진 미래를 갖는 자신을 발견한다.

각각의 예방 프로그램은 교사를 위한 교사 지침서(매뉴얼)와 학생 활동 워크북 형태로 개발되어야 한다.

다음은 교사를 위한 게임 예방 프로그램의 지침서(매뉴얼)와 학생 워크시트의 사례를 보여 준다.

게임의 중독과 위험성 발견하기

· 프로그램명: 게임 속의 나
· 목표: 자신의 게임 사용 습관을 확인하고 게임의 위험을 발견하여 탈출하는 방법을 알아본다.

- 준비물: 활동지, 게임 중독 검사지, 필기도구
- 활동 과정

활동 과정	
준비	친구들과 간단한 게임하기
활동 1	나의 게임 습관 확인하기
활동 2	게임의 위험성을 발견하기
마무리	게임으로부터 벗어나기 위해 노력하기

준비: 즐거운 전기 전달 게임

1. 모둠으로 앉는다.
2. 선생님이 안내하는 대로 인사하고 서로의 손을 잡는다.
3. 눈을 감은 채로 선생님이 먼저 오른손으로 학생의 왼손을 지그시 3번 쥐며 누른다.
4. 옆에 있는 학생은 다음 학생에게 3번 쥐어 전달하며 한 바퀴 돌아 선생님의 왼손으로 3번 전기 신호를 전달한다.

이러한 게임의 과정을 통해 서로의 마음이 전달되고 친밀감을 느끼도록 한다.

활동 1: 나의 게임 습관 확인하기

- 선생님 지침: 학생들에게 게임 중독 검사지를 나눠 주고 자신의 게임 습관을 점검하도록 한다. 학생들이 거부감을 갖지 않도록 준비 단계의 게임을 통해 친밀감(래포)이 형성된 후에 실시한다.
- 각 문항에 대해 놀이 형식으로 진행하면서 자신의 상태를 체크하도록 한다.
- 검사 실시(한국문화정보원에서 제공하는 검사지 사용)

- 검사 결과가 불확실하거나 의심이 되는 경우 H-검사지를 통하여 재실시

활동 2: 게임의 위험성을 발견하기

- 선생님 지침: 토론 학습을 통하여 게임의 위험성을 발견하고 그에 따른 해결 방법을 찾도록 돕는다.

☆ 게임을 많이 하면 안 좋은 점은 무엇인가요?

예) 시간 낭비, 친구들과의 관계 나빠짐……

☆ 게임 습관에서 어려웠던 점과 조절했을 때의 마음을 찾기

상황	어려웠을 때	조절했을 때
숙제를 미루고 게임을 하고 있는 상황	내일 선생님께 꾸중 듣겠구나.	숙제 먼저 하고 나니 마음이 후련하다.
	엄마에게도 혼나겠지…….	나 자신이 기특하다.

☆ 게임 습관의 어려운 점과 조절하는 방법에 대한 연극 대본 만들고 역할극 하기

마무리: 게임으로부터 벗어나기 위해 노력하기

- 선생님 지침: 자신의 게임 습관과 중독 성향을 검사지를 통해 파악하고 게임 중독의 위험성을 발견하였으면 이제 자신 스스로가 만든 서약서로 게임으로부터 벗어나기 위해 노력하도록 한다.
- 만든 서약서를 인쇄하여 게시판에 붙이거나 친구들에게 큰 소리로 발표하고 부모님께 보여 주도록 한다.

☆ 나와의 약속(나의 게임 사용 목표 정하기)

1. 숙제를 먼저 하고 난 뒤에 게임을 한다.
2. 게임을 하기 전에 부모님께 허락을 받는다.
3. 게임은 1시간 이상 하지 않는다.

☆ 나와의 약속 평가하기

목표	월	화	수	목	금	토	일
1. 숙제를 먼저 하고 난 뒤에 게임을 한다.							
2. 게임을 하기 전에 부모님께 허락을 받는다.							
3. 게임은 1시간 이상 하지 않는다.							

　　나머지 게임 중독 예방 프로그램은 부록에 제시되어 있다. 각각의 회기에 따른 프로그램 내용과 워크북 내용을 자세히 살펴보고 학생들의 상황이나 수업의 절차에 따라 워크북 내용을 수정하거나 변형하여 적절하게 사용하도록 한다.

3. 게임 중독 예방을 위한 정부의 노력

사람이 얼마나 행복하게 될 것인지는
자기의 결심에 달려 있다.
-에이브러햄 링컨(미국 16대 대통령, 1809~1865)

이 절에서는 게임 중독 예방을 위한 국가의 노력과 게임 업체의 전략을 소개한다.

게임 사용자 스스로 게임의 과몰입을 방지하기에는 어려움이 많다. 이를 방지하기 위해 정부 또는 관계 기관에서 강제적으로 사용 시간을 제한하고 법으로 이를 준수하도록 권장하기 위해 게임셧다운제와 게임시간선택제를 시행하였다. 두 제도의 차이점은 다음과 같다.

〈표 3-2〉 게임셧다운제와 게임시간선택제 비교

구분	게임셧다운제	게임시간선택제
입법취지	-게임 과몰입 방지 -수면권 보장 -건강 증진	-게임 과몰입 방지 -게임 시간 계획 준수 및 실천 -부모 자녀 간의 가정화합과 대화 문화 형성
주무관청	여성가족부	문화체육관광부
대상	만 16세 미만	만 18세까지
적용 시간	오전 12~6시까지 접속 금지	24시간 중 선택
적용 방법	해당 시간에 일괄적 게임 실행 중지	보호자(또는 본인)가 요청한 시간에 따라 게임 실행 중지
강제성	타율적	자율적

우선 여성가족부는 게임 중독을 방지하기 위해 만 16세 미만 청소년은 밤 12시부터 다음 날 오전 6시까지 심야 6시간 동안 온라인게임을 할 수 없도록 하는 법안의 내용을 2011년 11월 20일부터 시행하였다. 이로써 인터넷 게임업체는 자정이 되면 연령과 본인 인증을 통해 청소년 게임 이용을 강제로 원천 차단하여 접속을 못 하게 하도록 하였다. 태블릿과 스마트 폰을 이용한 모바일 게임의 경우 중독의 우려가 적어 2년간 법안의 적용을 유예하였다.

게임셧다운제라는 이름으로 시행된 법안은 입법 초기부터 많은 저항에 부딪쳤다. 게임에 과몰입된 학생들이 이러한 규정을 스스로 지키기에는 어려움이 있으며 실제 새벽에 접속하는 사용자가 16세 미만 학생인지 구분하는 장치가 거의 불가능하다는 점이다. 또한 청소년의 기본권을 침해한다는 논란과 함께 실효성 자체에 대한 의문, 그리고 게임 업체에서도 국내 게임 산업의 발전에 걸림돌이 되는 부정적 규제라며 주장하고 반발하고 있다.

이에 문화체육관광부는 게임셧다운제를 완화한 게임시간선택제를 도입하며 2012년 7월 1일 시행하였다. 게임시간선택제는 밤늦게까지 청소년이 게임을 이용하는 것을 제한하는 셧다운제의 업그레이드 버전이다. 게임 회원으로 가입하고자 할 때 본인 인증을 거친 후 부모에게 자녀의 가입 신청 사실을 알려 승낙을 받아야만 게임에 가입이 가능하다. 기존 가입자의 경우에도 부모가 자녀의 게임 회원 유지를 희망하지 않으면 탈퇴를 요청할 수 있으며 가입을 했다고 하여도 부모의 의지에 따라 나중에 탈퇴시킬 수 있다.

게임시간선택제 소개(문화체육관광부 홈페이지)

이러한 부모의 승낙을 통하여 자녀의 게임 가능 시간을 결정하고 게임에 몰입하는 시간도 제한할 수 있게 되었다. 또한 게임 업체는 청소년 회원은 물론 부모에게 게임 이용 시간과 결제 내역을 SMS와 이메일로 통보해야 하도록 입법하였다. 또한 게임의 명칭이나 이용 등급, 폭력성, 선정성, 사행성 여부도 함께 알려 주어야 한다. 이로써 부모는 자녀가 어떤 게임을 얼마나 하는지, 그리고 얼마의 돈을 지불하는지도 알 수 있게 되면서 지불하는 돈의 액수를 부모가 제한하고 사용한 내역에 대해 게임 업체에 요청할 수 있게 되면서 청소년의 게임 과몰입을 학부모가 적극적으로 통제하고 보호할 수 있도록 하였다.

게임이용확인서비스 홈페이지의 이용 확인 화면

청소년이 부모의 주민등록번호를 몰래 사용하거나 다른 사람의 인증 자료를 도용하여 접속하는 것을 막기 위해 부모의 휴대 전화로 인증을 하도록 요구하고 있어 청소년이 이제 몰래 게임하기는 어렵게 되었다. 게임선택제에 대하여 자세한 사항은 문화체육관광부 홈페이지(http://www.mcst.go.kr)에 접속하여 살펴볼 수 있다.

또한 청소년이 부모의 명의로 몰래 게임 사이트에 가입하여 게임을 하고 있는지 알고 싶다면 www.gamecheck.org 사이트에 접속하여 확인할 수 있다. 이때 본인 인증을 위해 본인 명의 휴대 전화가 필요하다.

04

게임 중독,
어떻게 치료할까

1. 개임 중독 치료 교육의 개요
2. 게임 중독 개선 교육 프로그램 Ⅰ
3. 게임 중독 개선 교육 프로그램 Ⅱ
4. 게임 중독 치료 교육 프로그램

●

게임 외에 재미있는 일들을 많이 만들고 게임 접속 시간을 제한한다. 게임의 대안 활동을 마련하고 가족들이 적극적으로 참여한다. 가급적 긍정적인 결과가 나오고 창작 활동을 통해 산출이 되도록 대안활동을 만든다. 가족 간의 대화 시간을 통해 자연스럽게 게임의 문제와 해결 방안에 대해 당사자 스스로 인식하고 조절하게 돕는다.

1. 게임 중독 치료 교육의 개요

우리가 이룬 것만큼 이루지 못한 것도 자랑스럽다.
- 스티브 잡스(애플 CEO, 1955~2011)

일반적으로 게임 중독 검사 연구와 중독 예방 교육 프로그램 연구
는 많이 진행되고 있다. 하지만 게임 중독에 대한 구체적인 치료 방
법과 교육 프로그램에 관해서는 많이 부족한 실정이다.

그 이유는 연구의 대상이 정상 학생이나 정상사용자군이 아니라
실제 게임 중독에 심각한 문제를 가진 고위험군을 대상으로 하기 때
문에 연구가 진행되기 어렵고 그 문제 유형도 다양하여 표준화된 해
결 방법을 제시하기가 어렵기 때문이다. 실제 실행과 적용의 측면에
서도 일반 학교나 개방된 환경에서 치료하기가 어렵고 전문적인 장
소, 즉 상담소, 심리치료소, 병원, 특수 기관 등에서 진행되기 때문에
일반화되고 보편적인 연구 내용과 결과가 도출되기 어렵기 때문이다.

게임 중독 치료 교육 프로그램은 잠재위험군과 고위험군을 대상으
로 중독으로부터의 문제 행동을 개선하고 중독으로부터 벗어나 일상
적인 생활을 영위할 수 있도록 도와주는 교육 프로그램으로 정의할
수 있다. 치료라는 말은 게임 중독을 여러 가지 치료 방법으로 완전
히 벗어나게 하는 것을 의미하므로 치료 활동이 끝난 후에도 장기간
의 추수 활동과 관리가 이루어지지 않으면 그 효과를 검증하기 어렵

다. 또한 게임 중독의 개선과 치료의 경계가 불분명하다. 게임 중독의 치료는 문제 행동을 개선하는 것과 완치를 목적으로 하는 것으로 구분할 수 있는데 대개의 경우 완치라는 용어보다는 개선과 완화라는 것이 더 명확한 정의라고 볼 수 있다. 게임 중독의 재발이나 환경적 요인으로 다시 게임에 빠질 수 있기 때문에 게임 중독 개선을 통하여 정상적인 생활을 하도록 도와주고 지속적으로 관심과 치료 활동을 해야 한다.

일반적으로 잠재위험군의 경우 그대로 방치할 경우 고위험군으로 발전하여 심각한 문제를 일으킬 수 있다. 잠재위험군의 경우 직접적인 치료 활동보다는 게임 중독 예방 교육과 함께 시선 돌리기 프로그램으로 치료 활동을 전개할 수 있다.

시선 돌리기 프로그램은 게임을 대체할 수 있는 대안 활동을 실시하거나 잠재위험군 대상자들이 무엇인가 창조하거나 산출할 수 있는 활동을 통해 게임으로부터 벗어나기 위한 프로그램을 말한다.

고위험군의 경우 직접적인 치료 활동을 전개한다. 구체적인 치료 활동으로 상담 치료, 심리 치료, 미술 치료, 역할극, 가족 치료, 대안 활동을 목적으로 하는 활동 캠프 치료 등을 사용하고 있다. 보다 심각한 경우 장기적인 격리와 함께 약물 치료가 필요하다.

이제 다양한 연구자들에 의해 진행된 게임 중독 치료 프로그램의 내용을 살펴본다.

이형초와 안창일(2002)은 게임 중독 치료의 방법으로 인지 행동 치료 프로그램을 12회기 프로그램으로 개발하여 적용하였다. 인지 행동 치료 프로그램은 게임 중독자들이 게임을 하면 행복해진다거나 스트레스가 해소가 되지 않는다는 것을 인지하도록 하여 게임 중독을 치료

하는 방법이다. 즉 대상자로 하여금 자신이 가진 잘못된 인식을 바꾸어 주어 게임으로부터 벗어나도록 도와주었다. 연구에서 고려한 변인은 가족 관계, 충동성, 시간 관리 능력 및 정서적인이었다.

- 1회기: 게임 중독 인지 행동 프로그램의 소개와 동기 부여 활동
- 2회기: 게임으로 인한 생활의 변화 탐색과 대처 방법에 대한 교육
- 3회기: 자신의 시간 사용 관찰 및 목표 설정하기
- 4회기: 부정적인 사고를 제거하고 의지력 키우기
- 5회기: 게임의 대안 활동 찾기와 자아 존중감 키우기
- 6회기: 학업과 스트레스 관리하기
- 7회기: 가족과 대인 관계 맺기, 갈등 해결하기
- 8회기: 자신의 성공 요인과 방해 요인 확인하기
- 9회기: 보호자 대상 치료 프로그램 및 재발 방지 교육 활동

권재원(2004)은 게임 중독 치료를 위해 게임의 부정적인 측면을 강조하여 대상자들이 스스로 인식하게끔 도와주는 프로그램을 개발하여 적용하였다. 즉 게임의 유형 중 보상 강화 게임을 이용하게 하고 부정적인 영향을 미치는 게임(예: 슈팅 게임, 전투 게임, 파괴 게임 등)을 하지 않도록 유도하였다. 연구자는 이 프로그램을 적용하면서 상담 치료와 가족 상호 작용의 개선 프로그램을 함께 적용하여 효과가 있음을 보였다.

한국게임산업진흥원(2008)에서는 청소년 게임 과몰입 집단 상담 프로그램을 개발하여 적용하였다. 이 치료 프로그램은 5회기의 내용으로 구성되었는데 예방 프로그램과 거의 비슷하다는 문제점을 가지고 있다. 구체적인 내용은 다음과 같다.

· 1회기: 참여자 간에 친밀감을 형성

　　　　퀴즈를 통한 게임 관련 상식 이해

　　　　게임 중독에 대한 구성원의 지식 확인

　　　　게임 이용으로 나타나는 문제의 심각성 인식

　　　　인터넷 이용 욕구의 원인을 확인하기 위한 검사 활동

· 2회기: 자신의 게임 이용 시간 파악

　　　　게임 과몰입의 위험성을 스스로 인식

　　　　게임 이용 시간의 조절을 약속

· 3회기: 게임 이용을 조절하기 위한 자기 대화 방법 배우기

　　　　게임 이용의 유혹 상황을 극복하는 전략 배우기

· 4회기: 게임의 대안 활동과 놀이

　　　　대안 활동을 위한 의지 키우기

· 5회기: 건전한 게임 사용 방법

　　　　건전한 사이트 방문하기

　　　　자신의 삶의 목표 확인

　　2008년 한국게임산업진흥원에서 개발된 게임 과몰입 청소년 집단 상담 프로그램은 2009년에 개정하면서 7회기로 증가되었으며, 각 프로그램의 내용도 기존의 내용보다 정교하게 수정하였다. 구체적인 내용은 다음과 같다.

· 1회기: 사전 검사

　　　　참여 동기 다루기

· 2회기: 게임 과몰입 집단 프로그램 소개

　　　　게임 과몰입 위험성 인식

게임에 대한 감정과 득실 파악하기

구성원 간의 친밀감을 형성하고 대인 관계 촉진

서약서 작성하기

· 3회기: 게임 사용 동기 파악하기

게임으로 인한 손해 정리하기

게임의 문제를 해결하기 위한 희망 갖기

· 4회기: 자신의 꿈과 목표를 만들기

미래의 목표를 설정하기

구성원의 꿈을 지지하고 강화하기

자신감 갖기

· 5회기: 스트레스 해소 방안 Ⅰ

게임 과몰입과 스트레스 이해하기

자신이 가진 스트레스를 인식하고 해결하기

· 6, 7회기: 스트레스 해소 방안 Ⅱ, Ⅲ

구성원들의 스트레스 공유하기

구성원들의 스트레스 해결하여 돕기

김윤숙(2004)은 게임 중독에서 벗어나기 위한 방법으로 게임 중독에 빠진 대상자 스스로 자신을 통제하고 게임 시간을 조절하며 그 대안 활동을 찾도록 하는 4단계 게임 중독 탈출 방법을 제안하였다. 구체적인 단계는 다음과 같다.

· 1단계(자기 관찰): 자신의 지나친 인터넷 게임 이용을 스스로 관찰하고 기록하는 것으로 자신의 인터넷 이용 정도를 점검하게 해 주고, 자기 평가와 자기 강화를 위한 정보를 제공해 주

는 프로그램

- 2단계(환경 계획): 자기 관찰을 기초로 인터넷 게임 중독 감소를 위해 변화시키고 싶은 구체적인 목표를 설정
- 3단계(자기 평가): 구체적인 목표에 대한 그 실행의 성공 여부를 스스로 판단하게 하는 과정
- 4단계(자기 강화): 자기 평가 과정을 통해 만족스러운 목표 점수에 도달했을 때 자신에게 스스로 강화를 하게 함.

다음 인터넷 중독 예방 및 치료 방법에 대한 내용은 국립공주병원에서 제공한 내용을 발췌하여 게임 중독 치료의 내용으로 수정한 방법이다. 이러한 방법은 가정에서 부모들과 가족들이 게임 중독에 빠진 자녀를 대상으로 초기에 치료하기에 적합하다(http://www.knmh.go. kr/ncmh/special/chap4.htm).

먼저 게임 이용 패턴을 분석한다. 게임 접속 시간에 관련된 것을 분석하고 도표로 보기 좋게 만든다. 하루별 접속 시간, 주간 접속 시간, 접속했을 때의 시간과 게임의 유형 등을 기록하고 그래프로 만든다. 이렇게 하면 좋아하는 게임 시간과 유형을 구체적으로 평가할 수 있게 되며 일상생활에서 각 부분별로 얼마나 시간을 빼앗기고 있는지 알 수 있다. 이를 토대로 게임 접속으로 인해 잃어버린 것들을 찾아본다.

대상자의 하루 일정을 파악한다. 하루 중 게임을 하지 않고 자유롭게 놀 수 있는 시간이 어느 정도인지 파악해 보고 학원이나 기타 학업 활동으로 친구들과 즐길 수 없는 상황인 경우 주말 활동으로 친구들과 만나고 놀 수 있도록 배려한다. 또한 가족 내에서도 틈새 시간

을 잘 활용하도록 안내한다.

게임 이용 시간과 습관에 거부감 없이 접근한다. 게임 중독 치료는 게임 이용 습관 해결이 가장 먼저이다. 게임을 하지 않는 것이 좋겠지만 갑자기 못 하게 하면 더 부정적인 영향이 발생하게 된다. 어쩔 수 없이 게임하게 된다면 시간을 심야가 아닌 이른 시간으로 변경하도록 하고 게임보다 먼저 해야 할 활동을 안내하여 게임을 우선순위에 두지 못하도록 한다. 즉 게임보다 과제를 먼저 하고 주변 정리와 청결을 먼저 염두에 두고 난 뒤에 할 수 있도록 한다.

게임 외에 재미있는 일들을 많이 만들고 게임 접속 시간을 제한한다. 게임의 대안 활동을 마련하고 가족들이 적극적으로 참여한다. 가급적 긍정적인 결과가 나오고 창작 활동을 통해 산출이 되도록 대안 활동을 만든다. 가족 간의 대화 시간을 통해 자연스럽게 게임의 문제와 해결 방안에 대해 당사자 스스로 인식하고 조절하게 돕는다.

게임의 이용 시간을 줄여 나가는 데 따른 보상책을 준비한다. 보상책은 아동 스스로 선택하게 하거나 미리 부모가 준비하여 게임을 줄여 가도록 한다. 이 부분은 가족들이 절대적으로 지원하고 협조해야 한다. 지속적으로 대안 활동에 따른 기쁨을 맛보게 하여 게임으로부터 벗어나게 한다. 중요한 것은 끈기 있게 장기간 일관성을 가지고 접근해야 한다.

2. 게임 중독 개선 교육 프로그램 |

누구든 처음부터 중독에 빠지려고 해서 빠지는 것은 아니다. 그냥 재미
삼아 시작한 것이 훗날
치명적인 중독으로 발전하게 된다.
― 공병호 (공병호경영연구 소장)

앞서 이야기한 것처럼 게임 중독 개선 교육 프로그램은 고위험군에게 적용하기 위한 프로그램이 아니고, 잠재위험군 중 점수가 높은 학생을 대상으로 개발된다. 게임 중독 개선 교육은 주로 완전 치료나 전문적인 치료보다는 게임 중독 초기 대상자들의 시선 돌리기를 통하여 게임으로부터 벗어나는 방법을 사용한다.

이 절에서는 백성현 · 김수환 · 한선관(2009)의 연구 내용과 백성현 (2008)의 연구의 내용을 중심으로 온라인게임 개발 프로젝트 학습을 통한 초등학생들의 게임 중독 개선 프로그램을 소개하고자 한다. 참고로 게임 중독 관련 연구시범학교의 담당 교사 또는 게임 중독 치료 교육 관련 연구를 위한 연구자들을 도와주기 위해 2편의 저자의 허락을 받아 연구 내용과 결과는 가급적 정리하되 연구의 목적부터 전략, 방법 및 내용은 원문 그대로 제공하고자 하였다.

게임 개발을 통한 중독 치료 연구의 개요

이 연구는 게임 중독 문제를 겪고 있는 학생들에게 보다 건전한 컴퓨터의 활용과 함께 게임 중독의 늪에서 시선을 돌리기 위한 효과적 방법을 제공하였다. 즉 게임 중독의 근본 원인인 컴퓨터와 게임을 멀리하도록 지도하는 것이 아니라 주변 상담가나 멘토들이 없어도 컴퓨터 앞에 앉아서 보다 생산적이고 창조적인 콘텐츠를 개발하도록 한다. 특히 게임 과몰입 학생들이 가장 좋아하는 게임을 직접 설계하고 개발하면서 논리적 사고력과 알고리즘의 이해, 그리고 새로운 작품의 창조와 함께 성취감을 느껴 자아 존중감을 키워 주는 방법을 사용하였다. 즉 학생들이 수동적으로 게임을 즐기고 참여하는 것을 지양하고, 대신 학생 스스로 게임을 제작하는 과정을 통해 사고력의 향상과 함께 개발의 만족감, 자신감의 고취와 같은 긍정적 경험을 제공하였다. 이러한 게임 프로그래밍 개발 프로젝트는 게임 중독 성향을 개선시키면서, 학생의 특기 적성을 계발하여 미래의 진로 발견 등 긍정적 교육 방향을 제시하였다. 전체적인 진행 과정은 다음 그림과 같다.

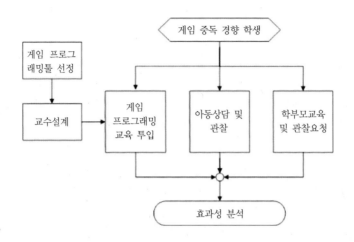

게임 프로그래밍 도구로는 웹에서 무료로 배포되는 'RPG 메이커 (http://www.acoc.co.kr)'를 이용하였다. 'RPG메이커'로 게임을 만들기 위해서는 무엇보다 응용능력과 알고리즘 분석이 필수적이다. 응용 능력이란 게임 개발 도구의 기능들을 능숙하게 이해하고 활용하고 적절한 기능을 이용하여 새로운 것을 만드는 능력이며, 알고리즘 능력은 게임의 기능과 세부 설계가 파악된 이후에 그것을 실제로 구현하는 능력이라고 볼 수 있다.

교육 내용

연구자들은 게임 프로그래밍 교육을 총 2부로 구분하여 1년간 진행하였다. 1차 게임 프로그래밍 교육은 기초 교육으로 RPG 프로그램의 기능을 이해하기 위해 기본 명령어와 알고리즘 능력 계발을 중심으로 진행하였다. 2차 게임 프로그래밍 교육은 게임의 개발과 관련된 교육으로 **RPG** 프로그래밍 도구를 이용하여 간단한 게임도 만들고 게임 시나리오도 작성하여 실제적인 게임을 개발하는 내용으로 구성하였다.

〈표 4-1〉 1차 게임 프로그래밍 기초 교육(명령어, 알고리즘)

차시	제재	주요 내용
1	커뮤니티 가입, 프로그램 설치	· 커뮤니티 가입 · 프로그램 설치 및 실행
2	게임 저장, 실행하기	· 게임 저장 및 공유 방법 · 친구가 올린 게임 실행
3	인터페이스 설명	· 메뉴 설명 · 맵 팔레트 기능
4	게임 시나리오 이해	· 게임 주제와 제목을 정하기 · 게임 시나리오 구체화하기 · 게임 시나리오 평가하기
5	프로젝트, 맵 작성	· 여러 칩셋을 이용하여 맵 작성하기 · 여러 맵 사이를 이동하기
6	이벤트 만들기	· 오브젝트 생성하기, 아이템 증가 처리 · 데이터베이스 각 탭의 설명
7	스위치 1	· 이벤트 시작 조건 / 이동 타입 설명
8	스위치 2	· 스위치를 응용한 이벤트 제작
9	변수	· 변수 설명 / 변수를 이용한 이벤트 제작
10	조건 분기 1	· 난수 설명 / 변수, 조건 분기 이벤트 제작
11	조건 분기 2	· 조건 분기를 응용한 이벤트 제작
12	작품 개발	· 각종 명령과 캐릭터를 이용하여 쉬운 게임 개발

〈표 4-2〉 2차 게임 프로그래밍 교육 내용(게임 개발)

차시	제재	제재별 주요 내용 요소
1	상상의 나래	· 독창적인 시나리오 만들기
2, 3	우리가 만드는 세계	· 기본 맵 만들고 테스트 · 자연스러운 맵 만들기 · 장소 이동하기 / 문 만들기
4, 5	창조 도시	· 이벤트 작성하기 · 캐릭터 개발, 오브젝트 생성 · 칩셋 이해하기
6, 7	세상을 환하게	· 스위치 사용하기 · 궤짝 만들기
8	마음대로	· 변수 활용 · 코코넛 따 오기
9, 10	솔로몬 선택	· 퀘스트 만들기 1~3(난수, 변수, 스위치)
11	나도 개발자	· 게임 시나리오를 바탕으로 게임제작 · 게임 수정 및 발전
12	게임은 내 친구	· 게임 공유 및 분석 · 게임 평가

프로그램의 적용

이 프로그램은 초등학교 4학년 33명을 대상으로 진행하였다. 연구의 대상은 2가지 게임 중독 척도 검사에 공통적으로 높은 점수를 보이는 고위험군 학생 5명과, 검사 점수는 보통이지만 학부모·교사·아동의 관찰 결과 게임 이용 시간이 비정상적으로 많은 학생 1명, 총 6명으로 선정하였다. 대상자의 특성은 <표 4-3>과 같다.

<표 4-3> 대상자의 일반적 특성

학년	성별	청소년 척도검사	아동용 척도검사	게임 중독 성향	특이 사항
4	여	56	48	현실 검증력 저하	학업 문제
4	여	53	46	학업 의욕 저하	내성적
4	여	80	65	대인 관계 부족	내성적
4	남	62	54	현실 검증력 저하	적극적
4	남	52	42	현실 검증력 저하	내성적
4	남	25	23	통제력 저하	활동적

　　게임 프로그래밍 이해와 게임 명령어 학습은 교사가 직접 안내하고 학생들이 따라 해 보는 직접 교수 방법을 적용하였다. 또한 게임 개발 시나리오 작성의 교수 학습 모형은 학생들의 사고력을 발산시키고 다양한 아이디어를 모으기 위해 창의성 계발 모형으로 적용하였다. 자신이 만들고자 하는 게임의 시나리오는 우선 창의적 기법을 적용하여 발산적 사고 과정을 거치게 한 뒤 그 아이디어를 정교화하는 수렴적 사고 과정을 거쳐 독창적인 내용으로 발전시키도록 하였다. 시나리오를 쉽게 작성할 수 있도록 마인드맵으로 등장인물, 사건 (퀘스트), 배경(맵)을 구성하도록 하였고 게임 시나리오를 구체화한 후, 동료들이 드보노의 육색모자 기법을 활용하여 아이디어를 평가하였다. 다음 그림은 한 학생이 작성한 시나리오의 사례이다.

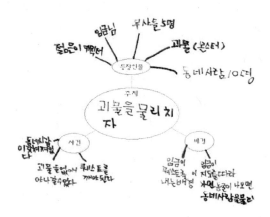

☆ 시나리오를 정리하여 봅시다. (처음-중간-끝)

한평화로운 세계였다 하지만 괴물이 나타나서 동네사람 10명이 나 되려 갔어
임금은 걱정이 되었다 그래서 한젊은이가 자기 가괴물을 물리치고
온다고 약속을 해다 임금이 그래서젊은이한테 퀘스트오과 무사5명을 데리고 가라고

하였다 임금이물 하였다 "하지만무사로를 깨고 괴물을물리쳐야 나올수있다
무사들은 겁이나서 도망을갔다 젊은이 혼자괴물 물리 치기로 했다
괴물은 마을사람을 답아 먹으려 했는더 젊음이 가같을 뽑고 괴물 등에
칼을 꽂아서 괴물은죽었다 퀘스트를 깨어다시 마을이 평화가

찾아 왔습니다.

☆ 내가 만든 게임을 소개해요. 게임에 대한 우리들의 생각은 어떠한가요?

<6색모자>

하양	이야기 가 꿈요롭게 잘썻다
빨강	길면 서도 재미있다
파랑	잘 이어 졌군요
초록	중간 부분 만 보충하 면된다.
노랑	마지막부분이 잘됬다
검정	이야기가 잘맞지않는걸 같다

시나리오 사례-학생 작품

게임 시나리오가 완성되면 실제 개발 활동으로 세련된 맵 배치에 대해서 생각해 보고, 잘 만들어진 친구의 맵도 확인하도록 하였다. 맵의 배치가 숙달되면 배경이 다른 몇 종류의 맵을 추가로 구성하고, 각 맵 간에 이동이 가능한 하이퍼링크를 연동하여 게임의 주인공들이 공간 이동을 할 수 있는 하나의 프로젝트를 완성하도록 하였다. 또한 객체들의 이벤트 발생과 함께 절차적 프로그래밍과 객체 지향적 프로그래밍을 이해하도록 수업을 진행하였다. 아래 그림은 하이퍼링크된 문을 통하여 맵 사이의 공간들을 이동하며 주인공이 탐험을 할 수 있게 만든 학생의 작품 예를 보여 준다.

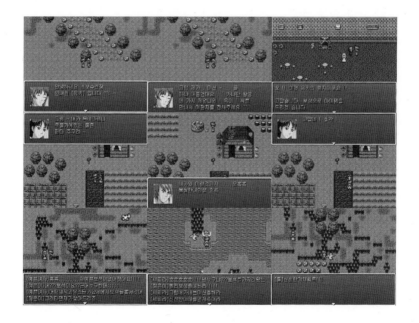

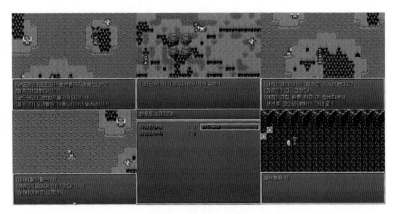

완성된 게임예 – 학생 작품

집단 상담 통합 교육

심리사회적인 연구에 따르면 게임 중독 학생들의 공통적인 원인은 낮은 자존감, 자기 통제력의 부족이라고 한다. 게임 개발 프로그래밍 수업만으로 게임으로부터 시선 돌리기와 게임 중독의 개선은 가능하나 보다 근본적이고 효과적인 게임 중독 치료를 위하여 참가자들이 자신감을 갖고 통제력을 증진시킬 수 있는 상담 치료가 필요하였다. 김민규 외(2008)의 '청소년 게임 과몰입 집단 상담 운영 매뉴얼'을 참고하여 집단 상담 교육 프로그램을 개발, 적용하여 자존감을 키워 주변 문제에 대처할 수 있는 힘을 기르도록 하였다. 상담 내용은 다음과 같다.

1차. 안녕 친구들아!

첫 시간에는 집단 상담 대상자끼리 서로 친해지고, 원활한 토의를 진행하기 위하여 심층적인 자기소개를 한다. 또한 자기 진단을 위하여 게임 몰입 척도, 인터넷 사용 욕구 척도 검사지를 자율적으로 작성한다.

2차. 게임과 나

지난 시간에 작성했던 게임 몰입 척도, 인터넷 사용 욕구 척도를 영역별로 점수를 구한 후 통계치와 비교한다. 각 영역의 점수가 위험 등위에 위치하는지 확인하고, 어떤 영역에 문제가 있는지 인지한다. 또한 적절한 게임 이용 시간을 결정하고, 자신과 맹세하며 실천 의지를 다진다.

3차. 잠깐! 참! 좋아!

지난 시간 동안 자신과의 약속을 잘 지켰는지 확인하고, 학생들의 게임 조절 능력을 키우기 위해 자신과 대화하는 자기 통제 연습을 한다. 또한 대화 스티커를 만들어 자신의 주변에 붙임으로써 실천 의지를 북돋운다.

4차. 신나고 즐거운 놀이 세계

실생활에서 쉽게 할 수 있는 공동체 게임을 해 보고, 게임만큼 재밌음을 안다. 게임에서 전략을 세우는 것처럼 게임 조절 능력을 키우는 것에도 전략이 필요함을 안다.

5차. 기쁨 주는 게임 지침서 만들기

다른 친구들이 읽으면 도움이 되는 '기쁨을 주는 게임지침서'를 만들어 본다. 끝으로 '내게 띄우는 편지'를 보내며 게임 조절에 대한 다짐을 굳건히 한다.

학부모 교육

일반적으로 게임에 대해 잘 모르거나 무관심한 학부모를 둔 경우, 학생이 게임 중독에 빠질 경우가 높다고 한다. 따라서 학부모에게 게임에 대한 전반적인 이해와, 심각성, 그리고 바람직한 지도 요령 등을 소개하는 학부모 교육 프로그램을 개발, 적용하였다. 아동 관찰 요청과 함께 교육의 결과 확인 등을 위하여 면담은 2회 실시하여 자녀의 게임 사용 욕구와 시간의 변화, 그리고 나타난 문제점 등에 대하여 해결 방안 등을 논의하도록 하였다.

전반기
먼저 학생들의 게임 중독 성향과 본 연구의 취지를 설명하여 실험에 대한 동의를 구하였다. 한국게임산업개발원(2007)의 '교사, 학부모에게 들려주는 청소년 게임 문화 이야기'를 바탕으로 아동의 게임 문화에 대하여 이해의 시간을 가졌다. 학생들이 게임 중독의 위험성과 적절하고 긍정적인 대화·지도 요령에 대하여 면담하였다. 또한 관찰의 신뢰성을 높이기 위하여 가정에서 게임 이용 시간 체크 리스트를 통한 아동 관찰을 요청하였다.

후반기
실험 종료 후 본 연구의 효과에 대하여 인터뷰하고 평가하는 시간을 가졌다. 사후 관리를 위하여 방학 중 혹은 앞으로 생겨날 문제점을 생각해 보고 해결하는 법에 대하여 의논하였다. 또한 미래 직업으로써 게임 분야로 진출하려는 아동의 학부모에게는 진로에 대한 안내와 지도 방안을 소개하였다.

게임 중독 개선 교육 효과성 분석

게임 프로그래밍 교육을 통한 게임 중독 개선의 효과를 살펴보았다. 청소년 게임 중독 척도와 아동용 게임 중독 척도를 통하여 게임 중독 성향 점수를 사전 사후 t-검사를 통하여 분석한 결과 95% 신회순준에서 게임 프로그래밍 교육을 하기 전보다 교육 후의 중독 성향 점수가 유의미하게 낮아져 게임 중독 개선에 도움을 준 것으로 나타났다.

구체적인 개선 사항을 연구 참가자들에 대한 인터뷰와 질문지, 그리고 평소 수업 관찰 기록을 통하여 분석하였다. 분석한 내용은 다음과 같다.

〈표 4-4〉 게임 중독 아동의 게임 프로그래밍 교육 경험에 대한 개념 및 범주화

범주	개념
게임 중독 인지	아동용 게임 중독 척도 검사 결과 점수가 높음. 청소년 게임 중독척도검사 결과 점수가 높음.
	부모님으로부터 게임으로 꾸중을 받을 때가 많음. 현실과 게임을 잘 구별하지 못하는 경우가 있음.
게임 중독성향	게임 시간을 줄이지 못함. 게임 때문에 밥을 제때 먹지 못함. 게임 시간이 점점 길어짐.
	게임으로 할 일을 못 함. 게임으로 숙제를 하지 않음.
	게임으로 손목이 아픔. 게임으로 어깨가 뻐근함.
	게임을 못 하면 좀이 쑤심. 게임을 안 할 때도 게임 생각을 함.
게임제작을 위한 노력	혼자 힘으로 완성하고 싶음. 인터넷으로 제작법을 찾아봄.

게임제작을 위한 노력	부모님, 오빠 등도 제작을 도와줌. 어려운 것은 선생님께 문의. 동료에게 물어보아 문제 해결
	집에서 **RPG XP**로 게임을 만들어 봄. 인터넷을 통해 문제 해결함. 타인의 게임을 활용함.
제작동기 형성	게임 제작의 신기함. 어려운 걸 배웠다는 것에 대한 신기함. 학교에서 배웠다는 것에 대한 신기함
	선생님처럼 잘하고 싶음. 잘해서 다른 아이들을 가르쳐 주고 싶음. 모르는 사람에게 소개하고 싶음.
제작경험 전무	만들어진 게임만 할 수 있다고 생각했음. 내가 게임을 만들 수 없다고 생각함.
내적동기의 형성	게임 오류 수정이 잘되면 기분 좋음. 많이 알아 감에 따라 재밌어짐. 어려움을 해결했을 때의 뿌듯함.
	새로운 게임을 만들기 위해 인터넷 탐색. 타인이 만든 게임을 검색함. 타인의 게임 오류를 수정함.
	쉽고 재미있게 익혀 좋음. 친구와 함께 제작하는 기쁨. 가르쳐 준 사람들에 대한 고마움
제작의 어려움을 깨달음	게임 제작을 하다 보면 몸이 피곤함. 제작 과제 해결 실패 시 좌절감을 느낌.
	처음에는 적응하는 데 힘듦. 게임하다가 게임을 만드니 당황스러움. 처음엔 어려워서 하기 싫을 정도였음.
	종합 활동은 분량이 많음. 시나리오가 길어 제작이 복잡함. 이것저것 하다 보면 정신이 없음.
	조건 분기를 이해하기 어려움. 퀘스트 만들기 어려움. 수정 및 변경 작업이 어려움.
게임 제작 다짐	어려운 변수도 생각해 봄. 후회 없는 게임을 만들고 싶음. 스릴 넘치는 게임을 만들고 싶음.
	어려움을 극복하려 함. 한 시간 동안 과제 완성. 망각을 대비하여 반복하여 기억함. 오류 분석 고민함.
게임욕구 조절 노력	컴퓨터 사용 시간의 조절. 게임 이용시간을 정함.
	우선순위대로 행동. 자신과의 약속을 지킴.
	취미 활동으로 게임을 제작함. 게임 대신 하고 싶은 것을 함.
게임 중독증의 완화	게임 시간을 줄여서 좋음. 게임 제작 후 게임 이용 시간이 줄어듦. 게임 제작으로 게임하는 것이 줄어듦.
	컴퓨터를 필요할 때만 쓰게 됨. 함께 이야기하며 중독성 완화. 자아실현을 위한 활동을 함.
	게임을 적게 해 기쁨. 컴퓨터를 예전에 비해 잘 안 함.
제작의 긍정적 효과	내가 만든 게임은 자신에게 좋은 면이 있음. 게임을 하는 것보다 어린이에게 여러모로 유익함.

제작의 긍정적 효과	게임을 잘 만들면 다른 사람들이 하고 기분이 좋음. 동료들이 내가 만든 게임을 잘 봐 주면 기쁨.
	게임 제작을 통해 고민하고 만들며 생각이 넓어지는 것 같음. 게임을 상상하며 만들며 창의력 향상
	학급 커뮤니티 이용으로 컴퓨터 활용능력 향상. 압축 프로그램 등의 이용으로 컴퓨터 활용 능력 향상
	소질, 관심이 있어 게임제작자가 되고 싶음. 선생님처럼 컴퓨터를 잘하는 직업을 갖고 싶음.
제작 능력습득	게임은 원래 시나리오가 없는 줄 앎. 게임이 간단한 것이 아님을 앎.
	타인이 내가 만든 게임을 한다고 생각하면 잘 만들게 됨. 2번째 다시 배우니 쉬워짐.
인식의 변화	컴퓨터로 뭐든지 다 할 수 있음. 컴퓨터에 게임 제작기라는 별명을 붙임. 컴퓨터에 대한 긍정적 생각
	게임 개발자에 대한 이해. 타인이 힘들게 만든 게임을 함부로 하면 안 되겠음. 에티켓이 달라짐.
	나만의 게임을 만들고 싶음. 기회가 되면 또 배우고 싶음. 심심할 때 게임 제작하고 싶음.
정의적 영역의 만족	완성 후의 기쁨, 뿌듯함. 나의 시나리오대로 게임을 제작하여 좋음. 자기 성취에 대한 즐거움. 내가 만든 게임이라 신남. 게임의 오류를 수정하다 보니 더 잘 만들고 뿌듯함. 게임 제작에 보람을 느낌. 최선을 다했을 때의 기쁨
	게임 제작이 쉬워짐. 하고 싶은 대로 만들 수 있음. 주변에서 나만 만들 수 있다는 즐거움. 나도 근사한 게임을 만들 수 있음. 어린이 프로그래머가 된 기분임. 남보다 빠르게 제작할 수 있음. 컴퓨터가 내 체질인 것 같음. 타인을 가르치며 선생님이 된 기분
	모르던 것을 알게 되어 기쁨. 타인의 게임 오류를 수정하면 스트레스 풀림. 게임 제작 수업이 마음에 듦. 목표 성취 시의 긍정적인 효과. 남의 게임보다 내가 만든 게임을 하는 것이 좋음.
	주변의 칭찬으로 자랑스러움. 가족이 가르쳐 달라고 함.
	친구들과 교우 관계 돈독해짐. 친구와 협동하며 마음이 통함. 선생님처럼 다른 사람을 친절하게 알려 주고 싶음. 긍정적 기분에 대한 고마움. 친구들도 기뻐하면 좋겠음.

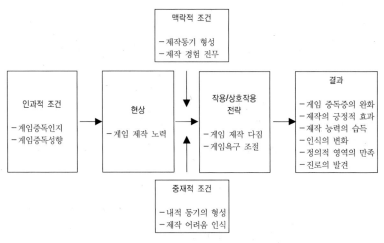

게임 프로그래밍에 대한 축코딩 패러다임

본 연구에서 도출되었던 각 범주들 간의 관련성에 관한 패러다임 모형은 위 그림과 같다.

인과적 조건은 게임 중독 아동들의 '게임 중독 인지'와 '게임 중독 성향'으로 보았다. '게임 중독 성향'은 정도라는 속성을 가지고 있으며 정도의 범위는 높음－낮음으로, '게임 중독 인지'는 인지함－인지하지 못함이다. 중심 현상은 일련의 작용/상호 작용에 대상자의 행동이 조절되는 생각이나 사건이다. 본 연구에서 게임 중독 아동들에게 게임 프로그래밍 교육을 적용하는 것에 대한 중심 사건으로는 '게임 제작을 위한 노력'으로 나타났다. 학생들의 '게임 제작을 위한 노력'에 따라 교육의 효과가 다르게 나타났다. 그리고 작용/상호 작용을 통해 대응하는 맥락적 조건은 '제작 경험 전무'와 '제작 동기 형성'으로 나타났다. 작용/상호 작용 전략에 영향을 주도록 작용하는 중재적 조건은 '내적 동기의 형성'과 '제작의 어려움을 깨달음'이었다.

작용/상호 작용 전략은 '게임 제작에 대한 다짐'과 '게임욕구 조절 노력'이다. 대상자는 제작의 어려움에도 불구하고 게임 욕구를 조절하며 게임 제작에 대한 다짐을 새로이 한다. 그리고 중심 현상인 '게임 제작을 위한 노력'이 작용/상호 작용 전략 행동 결과 '게임 중독성의 완화', '제작의 긍정적 효과', '제작 능력의 습득', '인식의 변화', '정의적 영역의 만족', '진로의 발견'으로 나타났다.

3. 게임 중독 개선 교육 프로그램 II

*중독(도박)은 중요한 것과 맞바꿔 하찮은 것을 얻는
가장 확실한 방법이다.
─어니 J. 젤린스키(작가)*

이 절에서는 앞서 살펴본 백성현 · 김수환 · 한선관(2009)의 연구와
는 다른 관점에서 게임의 개발이 아닌 디지털 스토리텔링 수업 전략
과 그에 따른 다양한 이야기를 지닌 멀티미디어 자료 개발을 적용한
연구로 조은애 · 한선관(2011)의 연구와 조은애(2010)의 연구에서 진
행한 게임 중독 개선 프로그램을 소개하고자 한다. 게임 중독 개선
교육 프로그램 II의 연구 내용 역시 게임 중독 관련 연구시범학교의
담당 교사 또는 게임 중독 치료 교육 관련 연구를 위한 연구자들을
도와주기 위해 2편의 저자의 허락을 받아 연구 내용과 결과는 가급적
정리하되 연구의 목적부터 전략, 방법 및 내용은 원문을 있는 그대로
제시하고자 하였다.

디지털 스토리텔링 기반 게임 중독 개선 연구 개요

게임 중독 청소년들은 기존의 게임 중독 예방 교육과 치료 프로그
램을 자주 안내받으며 지루하게 여긴다. 또한 게임 중독의 원인이 되

는 ICT의 활용을 통한 근본적인 해결 방안을 찾지 못하고 있다. 기존의 예방 교육과 치료 프로그램들처럼 정보 통신 기술을 회피하게 만드는 것만으로는 치료 후 중독이 재발하는 문제를 해결하지 못하기 때문에 정보 통신 기술을 제대로 이해하고 생산성 도구와 사고력 도구로서의 활용 경험을 통해 긍정적인 자세를 갖게 만드는 것이 필요하다.

이러한 필요성에 의해 디지털 미디어와 온라인 웹을 활용한 디지털 미술 치료 프로그램과 유사한 디지털 스토리텔링 기법을 적용한 게임 중독 개선 프로그램을 소개한다.

연구 참여자

연구 참여자는 초등학교 4~6학년 중 인터넷 중독 검사 척도를 실시하여 고위험군으로 분류된 아동들 중에서 담임교사의 추천과 본인의 동의를 얻은 학생을 위주로 선발하였다.

〈표 4-5〉 연구 대상자 정보

대상자	S1	S2	S3	S4	S5
학년	4	4	4	5	6
성별	여	남	남	남	여
게임 중독 척도 점수	54/80	71/80	66/80	58/80	50/80

디지털 스토리텔링 전략을 적용한 게임 중독 치료 프로그램의 효과를 알아보기 위해 프로그램 참여 학생에게 사전, 사후 G-척도 청소년 자가 진단 검사와 게임 이용 시간 검사를 실시하였고, 몰입감, 참

여와 도전감, 사회적 상호 작용성, 흥미도, 성취도 측면에서 게임과
디지털 스토리텔링 제작에 관한 아동의 선호도 검사를 하여 비교하
였다.

디지털 스토리텔링 수업 설계

디지털 스토리텔링 수업의 주요 절차 및 내용은 다음과 같다.

디지털 스토리텔링 수업 절차 및 내용

또한 디지털 스토리를 만들기 위해 사용된 멀티미디어 요소로 텍
스트, 그래픽, 미디 음악, 애니메이션, 동영상을 선정하였으며 사용된
응용 소프트웨어는 초등학생들의 컴퓨터 활용 소양 수준에 알맞으면
서 멀티미디어 구성 요소를 골고루 다룰 수 있는 그림판과 Image
Ready, Swish, Windows Movie Maker, Comic life, Encore, Photoscape를
활용하였다.

디지털 스토리텔링 수업의 구안 및 적용

게임 중독 치료 프로그램에서 디지털 스토리텔링을 활용하여 차시별 프로그램의 세부 내용 및 활동지를 제작하였다. 총 10차시의 프로그램으로, 멀티미디어 구성 요소별로 활동을 구성하였다. 1~4회기는 올바른 게임 사용과 게임 중독의 역기능, 자기 조절력을 기르는 내용의 스토리를 제작하는 과정으로 그림판, 이미지레디, 코믹북의 소프트웨어를 사용하여 디지털 스토리를 제작하고, 5~10차시는 올바른 게임 사용에 관한 스토리를 제작하는 과정으로 앙코르, 디지털카메라, 포토스케이프, 무비메이커의 소프트웨어를 사용하여 디지털 스토리를 제작하도록 구안하였다. 최종 프로그램은 다음과 같다.

〈표 4-6〉 디지털 스토리텔링 프로그램

차시	구성 요소	디지털 스토리텔링 학습	매체
1	텍스트	디지털 스토리 주제 안내 스토리 맵 기록하기	·
2	이미지	그림판 실습 및 익히기 스토리 맵을 표현하는 자료 준비	그림판
3	애니메이션	코믹라이프 실습 및 익히기 코믹라이프로 디지털 스토리 개발	comic life
4	애니메이션	이미지레디 실습 및 익히기 이미지레디로 디지털 스토리 개발 완성 작품 발표 및 토의하기	Image Ready
5	애니메이션	디지털 스토리 주제 안내 스토리 맵 기록하기 스토리 맵을 표현하는 자료 준비	Swish
6	사운드	앙코르4.5 실습 및 익히기 앙코르4.5로 노래 만들기 완성 작품 발표 및 토의하기	Encore

7	이미지	스토리 맵을 표현하는 자료 준비	Photoscape
8	비디오	무비메이커 실습 및 익히기 무비메이커로 디지털스토리 개발 완성 작품 발표 및 토의하기	Windows Movie Maker
9	비디오	스토리 맵을 표현하는 자료 준비	Digital camera
10	비디오	무비메이커로 디지털스토리 개발 완성 작품 발표 및 토의하기	Windows Movie Maker

　　연구 참여자 5명을 대상으로 디지털 스토리텔링 수업을 10차시 동안 방과 후와 재량 시간을 활용하여 진행하였으며 2주간 실시하였다.
　　디지털 스토리텔링 수업을 통하여 나타난 학생의 결과물 중 몇 가지를 소개하면 다음과 같다.

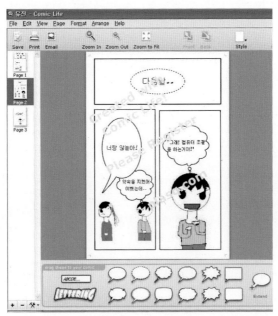

만화로 만든 학생 작품

위의 그림은 Comic life를 이용하여 만든 디지털 스토리이다. 게임을 하느라 친구와의 약속을 어긴 후, 반성하는 내용의 줄거리로 그림판을 이용하여 그림을 그릴 때보다는 조작이 다소 미숙하고 어려워하였지만 프레임 선택과 풍선에 대사를 입력하는 모습이 진지하였으며, Comic life를 이용하여 자신의 스토리 맵을 만화로 표현하는 작업을 매우 즐거워하였다.

Encore로 만든 학생 미디 작품

위의 그림은 스토리 맵의 이야기를 Encore를 이용하여 미디로 만든 작품이다. 노래의 내용은 게임을 할 때 욕을 하지 말자는 내용으로 리듬이나 박자는 비교적 단순하게 만들었지만, 아동 자신이 지은 가사가 마음에 든다고 대답했다. 음악 요소에 대한 기초 지식이 없는 참여자들은 대체로 Encore를 이용하여 노래 만들기 활동을 어려워하였다.

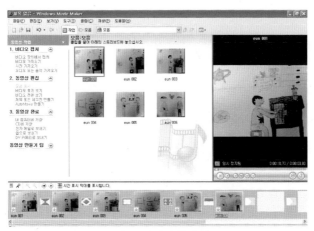

무비메이커로 만든 학생 작품

위의 그림은 주인공이 게임에 져서 기분이 나빴지만 상대방에게
잘했다고 예의 바르게 인사를 하는 상황의 이야기를 무비메이커를
이용하여 만든 것이다. 동영상을 만들 때는 장면별 이미지 전환에 변
화를 주는 활동에서 특히 재미있어 하였고, 자신이 만든 완성작을 볼
때, 매우 뿌듯해하는 모습을 관찰할 수 있었다.

동영상으로 만든 학생 작품

위의 그림은 스토리 맵의 내용을 약간 바꾸어 디지털카메라의 영상 촬영 기술을 이용하여 찍은, 올바른 게임 사용에 관한 동영상 작품이다. 제작된 동영상과 사진을 통합하기 위해 무비메이커를 이용하여 편집하는 작업을 재미있어 하였으며, 모든 참여자가 서로의 작업에 계속적인 관심을 보이며 적극적으로 참여하는 모습을 볼 수 있었다.

이상의 작품들은 위키 기능이 가능한 웹 사이트에 등록하여 공유하도록 하였으며, 위키의 특성을 이용하여 참여 학생들이 내용을 수정하거나 스토리텔링의 순서를 바꾸고 자신의 의견과 답글을 남겨 디지털 스토리텔링의 효과를 높이도록 하였다.

연구의 결과

게임 중독 치료 프로그램에 참여하기 전과 후 대상자들의 G척도 점수를 살펴보면 대상자 전체 평균이 9.2점 감소하였다. 특히 S2의 점수가 18점으로 크게 감소하였으며 S5 또한 큰 폭으로 감소하는 등 전체 학생들의 점수가 낮아졌다. 고위험군을 대상으로 실시된 실험임을 감안하여 점수의 변화를 볼 때 본 연구에서 제안하는 디지털 스토리텔링을 활용한 게임 중독 치료 프로그램이 게임 중독 수준을 감소시키는 데 긍정적인 영향을 미친 것으로 보였다.

〈표 4-7〉 G척도 검사 사전·사후 점수변화

구분	S1	S2	S3	S4	S5	평균
사전	54	71	66	58	50	59.8
사후	49	53	60	52	39	50.6

<표 4-8>에서 대상자의 '하루 게임 이용 시간'은 평균 27분, '일주일 게임 이용 시간'은 평균 222분, '지속적인 게임 이용 시간'은 평균 21분 감소하였다.

〈표 4-8〉 게임 이용 시간 사전·사후 점수 변화

학생	하루 게임 이용 시간(분)		일주일 게임 이용 시간(분)		지속적인 게임 이용 시간(분)	
	사전	사후	사전	사후	사전	사후
S1	90	90	750	630	90	90
S2	180	90	1320	690	90	90
S3	120	120	960	840	120	90
S4	120	90	840	750	120	60
S5	75	60	450	300	75	60
평균	117	90	864	642	99	78

S2는 사전 조사에서 하루 게임 이용 시간이 180분, 일주일 게임 이용 시간이 1,320분으로 가장 높았으나 사후 조사에서 각각 90분, 630분이 감소하여 가장 큰 변화를 보였다. S1과 S3는 하루 게임 이용 시간은 변화가 없었지만 일주일 게임 이용 시간이 조금씩 감소하였고, S4과 S5도 하루 게임 이용 시간과 일주일 게임 이용 시간, 지속적인 게임 이용 시간에서 감소를 보였다. 수업에 적용된 실험이 그다지 길지 않았기 때문에 게임 이용 시간의 감소 폭이 매우 크지 않았지만 본 연구의 프로그램이 게임 이용 시간을 감소시키는 데 중요한 역할을 하였고, 감소의 곡선이 점진적으로 상승하였다.

한편 디지털 스토리텔링 전략의 효과성을 살펴보고자 검사지를 통해 몰입도, 참여와 도전감, 사회적 상호 작용, 흥미도, 성취도의 측면에서 게임과 디지털 스토리텔링 제작에 관한 참여 아동의 선호도를 비교해 보았다.

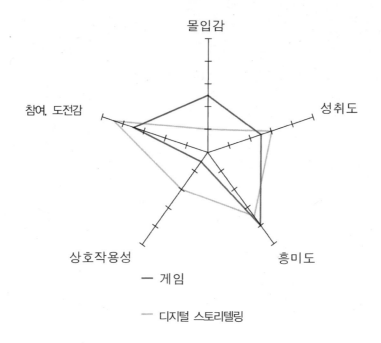

몰입감

성취도

참여, 도전감

상호작용성

흥미도

— 게임

‑‑ 디지털 스토리텔링

　위의 그래프에서 빨간색(상단) 선이 게임 점수이고 초록색(하단) 선이 디지털 스토리텔링 수업 점수이다. 효과성 검사 결과, '참여와 도전감'은 게임이 평균 17점, 디지털 스토리텔링이 평균 19점, '상호 작용성'은 게임이 평균 11점, 디지털 스토리텔링이 평균 14점, '성취 도'는 게임이 평균 15점, 디지털 스토리텔링이 평균 16점으로 디지털 스토리텔링 수업이 게임을 하는 것보다 평균 점수가 높아 그 효과가 있음을 보였으며, '몰입감'은 게임이 평균 15점, 디지털 스토리텔링이 평균 12점, '흥미도'는 게임이 평균 18점, 디지털 스토리텔링이 평균 17점으로 게임을 하는 것이 디지털 스토리텔링 수업보다 평균 점수 가 높았다. 게임이 가지고 있는 몰입성보다 '흥미'가 1점 낮게 나타났 지만, 나머지 항목에서 디지털 스토리텔링이 더 높게 나온 것으로 보아 디지털 스토리텔링 수업이 게임보다 긍정적인 성취감을 주고 생산적인 활동 및 게임 중독 개선 프로그램과 더 나아가 치료 프로그램의 도구로 사용될 수 있음을 시사한다.

4. 게임 중독 치료 교육 프로그램

> 자기 믿음이 성공의 제일 비결이다.
> ―랄프 왈도 에머슨(미국 시인, 1803~1882)

게임 중독 치료 교육 프로그램 개발에 관한 연구로 한선관·이철현·최선영(2009)이 진행한 정보 문화 캠프 운영 방안 보고서와 한선관·김수환·서정보(2010)의 연구, 그리고 서정보(2010)가 진행한 연구에서 교육용 프로그래밍 언어인 스크래치를 통한 게임 중독 치료에 관한 교육프로그램을 제시하였다. 이 절에서는 게임 중독 치료 교육 프로그램의 구체적 내용과 사례를 살펴보도록 한다.

연구 개요

다음에 제시하는 연구내용은 스크래치 교육용 프로그래밍 언어(EPL: Educational Programming Language)를 이용한 게임 중독 개선 및 치료를 위한 프로그램의 개발과 적용에 관한 것이다. 스크래치는 MIT 미디어랩에서 만든 교육용 프로그래밍 툴로서 프로그래밍의 알고리즘과 기초 사용을 이해하기 위해 초등학생부터 어른에 이르기까지 폭넓게 활용되고 있다.

게임 중독 치료의 첫 단계는 몰입되어 있는 게임으로부터 멀리하기부터 시작한다. 게임 중독이 심한 학생들에게 컴퓨터와 게임 환경을 물리적, 심리적으로 멀리하도록 하는 것은 그렇게 쉽지 않은 일이다. 강제로 못 하게 하거나 끌어낸다면 역효과가 생기고 부작용이 나타난다. 이를 위한 대안은 컴퓨터 내에서 시선을 돌리는 방법이 최선의 대안이다. 즉, 컴퓨터 내에서 게임의 속성을 가진 프로그래밍을 다룸으로써 게임으로부터 시야를 돌리게 하는 것이다. 연구 프로젝트를 위한 게임 중독 치료 사이트는 정보 문화 캠프라 명명하고 다음 사이트 http://pinkbuddy.cafe24.com/를 구축하여 운영하였다. 이 연구에서 제안한 게임 중독 치료 교육 프로그램의 내용과 특징은 다음과 같다.

첫째, 학생들의 자기 조절 능력신장과 더불어 컴퓨터와 프로그래밍을 이용한 사고력 신장에 관한 대안 활동을 주요 내용으로 구성하였다.

둘째, 학생들이 컴퓨터로 게임을 하는 것이 아니라 자신의 생각을 창의적으로 표현하고, 자신만의 프로그램을 만드는 활동을 통해 게임에서 자연스럽게 자기 개발 쪽으로 시선을 돌리는 효과를 갖도록 하였다.

셋째, 컴퓨터를 통해 생산적인 활동을 함으로써 긍정적인 산출을 통해 자기 효능감을 갖고 자신의 미래와 직업, 진로에 대한 탐색과 계획으로 발전되도록 구성하였다. 연구의 진행 절차는 다음과 같다.

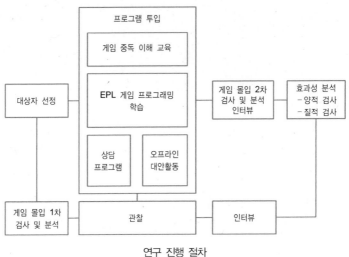

연구 진행 절차

연구 내용

게임 중독 완화 프로그램은 방학 중에 캠프의 형식으로 이루어졌으며, 총 5일간 진행되었다. 게임 중독 치료 교육 프로그램의 내용은 <표 4-9>와 같다.

〈표 4-9〉 게임 중독 치료 교육 프로그램 내용

일차	학습 주제	비고
1일 차	· 첫 만남 및 인사 · 심층 자기소개 · 게임 몰입, 인터넷 사용 욕구 척도 · 1차 인터뷰 · 스크래치 기초 사용 이해 · 게임 시나리오 만들기	개강식 기본 검사
2일 차	· 게임 몰입, 인터넷 사용 욕구 확인 · 터놓고 말해요 / 약속 쪽지 · 프로젝트 맵 만들기	

2일 차	· 게임 1차 완성하기 · 대안 활동(생태 체험)	
3일 차	· 자기 대화(자기 통제 훈련) · 대화 스티커(인지 행동 치료) · 게임 캐릭터 만들기 · 디지털 자료 활동하기 · 게임 2차 완성하기 · 대안 활동(악기 다루기)	
4일 차	· 게임 프로그램 개선하기 · 게임으로 논리적 사고 키우기 · 창의적으로 문제 해결하기 · 대안 활동(전통 놀이)	
5일 차	· 게임 지침서 만들기 · 내게 띄우는 편지(자신감 강화) · 미래의 직업에 대해 알아보기 · 2차 인터뷰 · 아동 작품 발표회(학부모 참여)	학부모와의 시간 갖기 확인 검사

게임 중독 치료 교육 프로그램의 내용은 크게 교육용 프로그래밍 언어(EPL)인 스크래치를 활용한 사고력 신장 활동과 자기 조절을 위한 게임 상담 치료 및 대안 활동으로 형태로 구성되어 있다.

상담 치료의 경우 기초 검사 후 상담진문가가 인터뷰를 통하여 게임 중독의 원인과 학생의 상태, 그리고 주변 환경 요인 등을 분석하였다. 분석된 내용을 바탕으로 개개인의 특성에 맞는 상담 시나리오를 작성하고 프로그래밍 교육 중 조금씩 마음을 열고 문제를 해결하도록 유도하였다.

프로그래밍 교육에 참여한 교사와 상담에 참여한 전문가가 협조하여 교육 내용 내에 상담의 연결 고리와 문제 해결에 대한 내용들을 포함시켜 수업을 진행하였다. 오프라인 대안 활동으로는 생태 체험, 악기 다루기, 전통 놀이 등 몸으로 체험하는 내용으로 구성하여 진행하였다.

게임 중독 치료 대안 활동 장면(전통 놀이)

연구 종료 후 참여 연구진과 교사진 그리고 전문가들의 의견을 구하여 확장된 게임 중독 치료 프로그램을 개발하였다. 차시별 구체적인 교육 내용 및 방법은 다음과 같다.

〈표 4-10〉 게임 중독 치료 프로그램 개선안

차수	모듈	학습 주제
1일차	만남의 시간 개별분석	• 첫 만남 및 인사 • 심층 자기소개, 친밀감 조성 게임 • 게임 몰입, 인터넷 사용 욕구 척도 검사 • 1차 인터뷰 • 스크래치 이해 / 게임 시나리오 만들기
2일차	시선 전환 프로그램	• 게임 몰입, 인터넷 사용 욕구 확인 • 터놓고 말해요 / 약속 쪽지 • 프로젝트 맵 만들기 / 게임 1차 완성하기 • 대안 활동(놀이 활동)

3일차	시선 전환 프로그램	・자기 대화(자기 통제 훈련) ・대화 스티커(인지 행동 치료) ・게임 캐릭터 만들기 디지털 자료 활동하기 ・게임 2차 완성하기
4일차	시선 전환 프로그램	・게임 중독 영화 관람 / 상담 치료 실시 ・멀티미디어로 프로그래밍 활용하기 ・프로그래밍에서 협력 작업하기 게임 3차 완성하기 ・대안 활동(생태 체험)
5일차	시선 전환 프로그램	・게임 중독 역할 놀이 / 심리 치료 실시 ・협동 시나리오 개선 작업 ・협동 작업 중 의사소통과 사회성 개선 ・게임 4차 완성하기
6일차	사고력 프로그램	・프로그래밍으로 수학 문제 해결하기 ・프로그래밍으로 논리적 사고 키우기 Ⅰ ・창의적으로 문제 해결하기 Ⅰ ・대안 활동(난타 연주)
7일차	사고력 프로그램	・프로그래밍으로 과학 문제 해결하기 ・게임으로 논리적 사고 키우기 Ⅱ ・창의적으로 문제 해결하기 Ⅱ ・대안 활동(전통 놀이)

8일차	적성 직업
	발견프로그램
		・자신의 적성 발견하기
		  자존감 프로그램
		  자기계발 성공학
		・EPL로 응용 프로그램 개발
		・프로그램 상호 지도하기

9일차	적성 직업 발견프로그램	・게임 지침서 만들기 ・내게 띄우는 편지(자신감 강화하기) 2차 인터뷰 ・미래의 직업에 대해 알아보기 ・정보 기술과 직업의 활용 이해하기 ・EPL로 응용 프로그램 개발

10일차	검사
	이별의 시간
		・작품 개선
		  발표를 위한 프레젠테이션 개발
		・작품 발표회
		・학부모와의 대화
		  학부모-학생의 시간 갖기
		・수료식

EPL을 이용한 사고력 활동 내용

스크래치를 이용한 사고력 신장 활동의 교육 내용은 일반적으로 교사가 먼저 프로그래밍 정보를 제공 후, 예제를 해결하는 도제식 훈련 방법으로 진행되었다. 기초적인 사용법을 잊거나 이해가 되지 않는 학생은 교사에게 질문하여 해결하도록 하였다. 알고리즘 구현이나 디버그의 어려움에 처한 학생은 스스로 해결 방법을 찾아낼 수 있도록 교사가 사고 과정을 도와주는 상호 작용 전략을 취하였다. 학생들의 프로그래밍의 결과물은 커뮤니티에 탑재 후 자기 평가하고, 다른 학생들은 다운로드하여 실행하고 동료 평가를 하게 하였다.

구체적인 개발 활동은 다음과 같다.

다양한 애니메이션 만들기

컴퓨터를 통해 다양한 멀티미디어를 만들고 스크래치를 통해 자신의 아이디어를 표현하는 첫 번째 생산 활동으로 간단한 애니메이션을 만들어 보는 활동이다. 학생들은 현실 세계에서 일어나는 다양한 사건뿐만 아니라 상상을 통해 다양한 내용의 시나리오를 구성하여 애니메이션화함으로써 자연스럽게 자신의 생각을 컴퓨터로 표현하는 방법을 익히게 된다.

자동차 애니메이션

다양한 게임 만들기

학생들은 컴퓨터에서 제공된 게임을 하는 것이 아니라 자신만의 캐릭터나 시나리오로 구성된 게임을 직접 만들게 됨으로써 게임을 수동적으로 받아들이는 입장이 아닌 게임을 능동적으로 제작하는 입장이 된다. 이러한 활동을 통해 학생들 스스로 게임의 상황과 내용에 이끌려 가는 것이 아니라 능동적으로 게임을 제어하게 되고, 자신의 생각을 표현하는 과정에서 컴퓨터의 작동 원리를 이해하게 되며, 에러를 수정하는 과정을 통해 반성적인 사고를 하게 된다. 또한 게임을 구성하거나 확장하는 과정을 통해 창의적인 사고를 하게 된다. 이러한 경험을 통해 얻는 성취감과 만족감은 게임을 통해 기쁨을 느끼게 하여 게임으로부터 시선을 돌릴 수 있는 기회를 제공하게 된다.

다양한 게임 만들기

수학 문제 만들기

게임뿐만 아니라 교육용 프로그램을 만들면서 학생들의 수학·과학적 사고력과 언어적 사고력과의 연계도 도모할 수 있다.

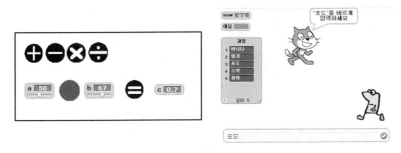

학습 프로그램

게임 중독 치료 교육 프로그램 적용

본 연구의 대상은 초등학생이므로 현재 각 급 학교에서 매년 실시하고 있는 게임 중독 성향 검사 G-척도(한국정보문화진흥원, 2008)를 활용하여 고위험군으로 분류된 아동들 중에서 담당 교사의 추천과 본인, 학부모의 동의를 얻은 학생을 위주로 선별하였다. 인천시 소재 2개 학교 4~6학년 중에서 신청을 받아 대상자를 선별하였다. 선정된 학생들의 자세한 내용은 <표 4-11>과 같다.

〈표 4-11〉 대상자 특성

대상	성별 (학년)	게임몰입 척도검사	게임 중독 성향	성격, 특이 사항
대상자1	여(4)	30	장시간 게임 몰두	그래픽에 소질
대상자2	여(4)	37	현실 검증력, 강박적 집착	쉽게 포기
대상자3	여(4)	31	큰 문제점 없음.	지속적 관심 요구
대상자4	남(4)	48	강박적 집착, 신체적 문제, 학업 문제, 대인 관계 문제	내성적
대상자5	남(5)	26	검사상 문제점은 없으나 관찰상 통제력 저하	산만
대상자6	남(5)	40	학업 문제, 관찰상 통제력 저하	지능적 부적 행동
대상자7	남(5)	49	현실 검증력, 강박적 집착, 신체적 문제, 학업 문제, 대인 관계 문제	산만
대상자8	남(5)	55	현실 검증력, 강박적 집착, 신체적 문제, 학업 문제, 대인 관계 문제	다소 산만
대상자9	남(6)	42	현실 검증력, 강박적 집착, 대인 관계 문제	집중력 우수

효과성 분석

게임 중독 개선 프로그램의 적용 결과를 t-검증하였다. 게임 중독 성향 검사 점수를 비교한 결과 사전 검사보다 사후 검사 점수에서 5% 유의 수준에서 낮아짐을 볼 수 있었고, 이로 인해 교육 프로그램이 효과가 있음을 알 수 있었다.

또한 정보 캠프 기간 동안 학생들의 게임 중독 성향에서 일어난 변화를 관찰 보고서로 작성하였다. 그 주요 내용은 다음과 같다.

<표 4-12> 대상자의 변화 분석 내용

대상	성별 (학년)	나타난 변화
대상자 1	여(4)	게임에 대한 강한 의지보다는 컴퓨터로 활동하는 것을 좋아하며 게임에 대한 대안으로 스크래치를 통해 다양한 활동을 시도함. 예를 들면 캐릭터를 직접 그려 꾸민다든지 배경을 만든다든지 하는 활동에 적극적으로 참여함. 게임 시간을 줄이고 생산적이고 창의적인 활동을 하겠다는 의지를 다짐.
대상자 2	여(4)	가정 환경에 의한 영향으로 게임과 인터넷에 노출된 상태이며 캠프를 통하여 스스로가 게임을 만드는 작업을 할 수 있다는 사실에 자신감을 얻음. 특히 음악 프로그램을 만들 때는 큰 관심을 보여 자신만의 노래를 작곡하기도 하였음.
대상자 3	여(4)	교사의 관심을 지속적으로 확인하려고 하며, 스크래치를 통하여 다양한 활동을 하는 것에 흥미를 가지고 참여함. 게임 중독의 성향보다는 컴퓨터를 활용한 대안 활동에 대한 안내 부족으로 인해 중독에 빠진 것으로 보이며, 따라서 본 캠프에서 배운 내용을 계속적으로 활용하고 싶어 함.
대상자 4	남(4)	설문 조사 문항에 자신의 마음을 매우 솔직하게 반응하여 선정된 학생으로 중독 성향이 크게 보이지 않으나 간간이 통제력이 무너지는 모습을 보였음. 창의적인 아이디어를 내거나 사고하는 과정을 다소 어려워하여 발문을 통해 동기를 부여하여 자신의 생각을 표현하도록 유도하였음. 자신의 생각을 스크래치로 표현하는 데 무리가 없었음. 캠프 후반부에는 프로젝트 제작에 열심을 보임.
대상자 5	남(5)	캠프 내내 친구와 함께 돌아다니며 교사의 눈을 피하여 게임을 시도하려는 모습이 보임. 캠프 초·중반에 스크래치를 배우는 과정에서는 뛰어난 적응력과 습득력을 보였으나 전날 배운 과정을 다음 날에 잘 기억해 내지 못하고 사고하는 활동을 다소 귀찮아 함. 시간이 흐르면서 게임에 대한 시도는 다소 진정되는 양상을 보였음. 프로젝트 작업 시 6학년 최○○ 군과의 협력을 통해 난이도 있는 프로젝트를 만듦. 캠프 종반에는 게임을 하기보다는 제작에 관심을 가지게 됨.
대상자 6	남(5)	캠프 내내 과격한 언행을 주로 함. 사고하는 활동을 매우 싫어하며, 모든 활동에 열의가 없이 참여함. 캠프 마지막까지 프로젝트를 만들지 못해 기존의 작품으로 발표함. 게임을 수동적으로 하는 것이 아니라 컴퓨터로 자신의 생각을 표현할 수 있다는 방법을 배웠으나 지속적인 관심이 필요함.
대상자 7	남(5)	캠프 내내 다른 친구들과의 장난과 과격한 언행으로 일관함. 다른 학생들에게 피해를 줄 정도이며, 사고력을 요하는 활동에서는 매우 힘들어하고 귀찮아 함. 여러 상담 치료를 시도하였으나 뚜렷한 변화 양상은 보이지 않음. 맞벌이 부모의 환경에서 스스로의 통제력을 기르지 못한 것으로 판단됨. 게임 중독 역기능 교육 시 부정적 결과에 대한 인식이 싹틈. 지속적인 관심과 지도가 필요함.

대상자 8	남(5)	아빠의 잘못된 관심이 게임 중독의 성향으로 발전한 사례. 아빠가 평상시 놀아 주지 못하는 점을 보상하기 위해 주말에 게임방에서 온종일 데리고 있었음. 따라서 온종일 게임을 하게 되어 중독에 빠지게 됨. 캠프를 통하여 자기 통제력이 나아지는 양상이며, 가정과의 연계를 통해 올바른 게임 조절 지도를 시도함. 프로젝트 발표 시 매우 자신감 있는 태도로 발표하였으며 자신의 작품을 자랑스러워함. 게임에 대한 조절력도 향상됨.
대상자 9	남(6)	프로 게이머가 꿈인 학생으로, 자신 스스로가 조절이 가능하다고 생각하고 있음. 행동이나 게임에 대한 성향도 나름대로의 가치관을 가지고 접근하고 있으며, 캠프를 통해 자신만의 게임을 만들고 매우 자랑스러워함. 성취감과 만족감을 많이 느꼈다고 얘기함.

05

게임 중독 치료,
전략이 필요하다

1. 행동 수정 전략
2. 행동 계약 치료 전략
3. 인지행동 집단 상담 전략
4. 인지행동 집단 치료 전략
5. 자기 통제 전략
6. 인지행동 미술 치료 전략

청소년 집단은 상담 동기가 부족하여 상담 초기에 거부감 제거하기와 집단 친밀감과 신뢰감 형성에 노력해야 한다. 청소년이 상담에 참여하는 이유는 스스로 도움이 필요함을 느끼고 이를 찾거나 집단활동 중 재미와 부수적인 이유(간식, 보상, 사은품, 경품 등)로 찾는 경우, 그리고 부모나 교사에 의해 강제로 참여하기 때문에 스스로 도움이 필요한 경우를 제외하고는 상담에 동기 유발이 부족하다.

그리고 집단 리더가 되는 청소년에게 적극적으로 집단 규범을 설정하고 집단의 한계를 분명히 하도록 도와주어야 한다. 분명한 규칙과 한계를 만들어 공유해야 상담이 잘 기능한다. 또한 청소년은 상담자를 쉽게 시험하려 들기 때문에 명확한 규율과 제약 사항을 안내하고 지키도록 해야 한다.

1. 행동 수정 전략

병적 중독이란 중독에 대한 통제력을
연속적, 주기적으로 상실하는 점진적인 장애다.
  -R. J. 로젠탈(심리 치료학자)

행동 수정 전략은 행동주의 연구 사조로부터 시작된 문제 행동 치료 방법 중 하나이다. 스키너 또는 파블로프의 자극-반응-강화 이론에 근거하여 문제 행동 그 자체의 수정에 목표를 둔다. 행동 수정은 과거 환경 자극의 선행조건과 그에 따른 문제 행동 출현, 그리고 뒤에 일어나는 후속 자극 중 선행 조건이나 후속 조건을 제어함으로써 중간의 문제 행동을 치료하는 방법이다.

바람직하지 못한 게임 접속에 빠져 있을 경우 그 문제 행동의 선행 조건인 환경 등을 개선하고 문제 행동에 나타나는 후속 조건, 즉 부정적 문제에 대해 처벌하고 긍정적 행동에 대해 보상을 하면서 자연스럽게 게임 중독으로부터 벗어나는 강화 학습을 사용한다.

게임 중독은 충동적이고 자기 제어가 되지 않기 때문에 대안 활동을 통하여 게임 중독의 시간을 줄이고 집중력과 자기 제어 활동을 실시한다. 이를 위해 목표 행동을 설정하고 이를 달성할 수 있도록 토큰을 제공하거나 조형, 이완, 절차적인 둔감화 처치를 통해 게임 중독의 행동을 치료한다.

강화를 이해하기 위해서는 정적 강화, 부적 강화, 차별 강화, 토큰 강화, 벌, 소멸, 강화의 주기, 시간제한, 용암법, 행동 형성, 행동 연쇄 등의 기법에 대해 이해하고 게임 중독의 상황에 맞게 적용해야 한다. 또한 해당 문제 행동이 발생한 당시의 상황에 맞게 적절한 방법을 사용해야 한다. 강화에 관한 자세한 내용은 행동주의 관련 서적을 참조하길 바란다.

한 가지 주의할 사항은 이러한 행동 수정 치료 접근에서 아주 깊이 게임 중독에 빠진 청소년, 성인 대상자에게는 역효과나 더 심각한 부정적 결과를 초래할 수 있다는 것이다. 게임 자체에 과다 몰입되어 아무것도 안보이거나 관심이 없을 경우 강제로 처벌하고 유인책을 사용한다면 더욱 상황이 악화된다. 따라서 유아기의 아동, 잠재위험군 또는 고위험군의 초기 증상을 보이는 대상자에게 적용하는 것이 바람직하다. 그리고 고위험군일 경우 기존의 시선 돌리기 프로그램을 수행하거나 대안 활동을 통해 어느 정도 게임 중독 증상이 개선된 경우에 행동 수정 전략을 추가로 사용할 수 있다. 또한 게임 중독 치료 처치 후의 활동으로 지속적으로 사용할 때 적용할 수 있다.

이성진(1998)에 의하면 구체적인 치료 방법은 다음과 같다.

게임 중독이 진행되기 전에 게임 사용에 대해 단호히 대처한다. 게임 사용에 대한 약속을 정하고 정해진 시간과 정해진 일을 한 후에 정해진 게임만 하도록 한다. 이를 어겼을 시에 엄격하게 대한다. 초기의 제어가 중요하다.

게임 중독 치료의 과정에서 부모의 상황에 의해 미리 정한 약속이나 규칙을 어기는 경우, 즉 게임에 대한 허용, 게임 접속에 대한 벌칙을 이행하지 않을 경우 중독 치료에 대한 강력한 대처 기회를 놓치게 되고 게임 중독 치료에 대한 강화의 기회까지 놓치게 되어 실패할 수 있다.

자녀의 입장에서 생각한다. 어떤 문제가 있는지 그 문제의 근원은 무엇인지 파악한다. 부모가 역할 모델로서 모범을 보이고 규칙과 상벌에 대해 규칙대로 해야 한다. 칭찬의 효과를 높이기 위해 부모나 교사가 자주 대화를 나누고 신체적 접촉을 통하여 안정감을 주도록 한다.

2. 행동 계약 치료 전략

세상은 그대의 의지에 따라 그 모습이 변한다.
동일한 상황에서도 어떤 사람은 절망하고
어떤 사람은 여유 있는 마음으로 행복을 즐긴다.
-발타자르 그라시안(스페인 작가, 1601~1658)

　행동 계약 치료 전략은 치료자 또는 강사진과 게임 중독자 간의 합의하에 행동에 대한 책임 여부 등을 상호 계약하는 방식으로 치료하는 전략이다(Kazdin, 1994). 치료자와 게임 중독자 간에 약간의 위계적 질서, 즉 치료자가 권위가 있거나 게임 중독자를 제약할 수 있는 위치의 강사진일 경우 효과적이다. 따라서 행동 계약 치료 전략은 학생에 대해 지도 권한과 권위가 있는 교사 또는 부모와 게임 중독 학생 또는 자녀 간에 계약서를 작성하여 치료를 진행하면 효과적이다.

　행동 계약 치료 전략은 게임 중독 치료를 위해 내용과 결과가 구체화되어야 한다. 막연한 문구나 거부감이 드는 형태, 또는 부정적인 문구, 계약의 내용이 상호 만족스럽지 못할 경우 역효과가 나고 계약 자체가 무의미해지게 된다. 따라서 계약의 목표, 내용, 결과를 정확하게 명시하도록, 신중하고 오랜 시간 함께 고민하면서 만들어야 한다.

　특히 게임 중독에 걸린 학생이나 자녀가 원하는 결과물(강화시킬 내용)과 치료를 바라는 교사 또는 부모가 원하는 행동 변화를 명확하게 명기하여 만들어야 한다.

Stuart(1971)는 행동 계약은 다섯 가지 내용으로 구성되어 있다고
보았다(곽병찬, 2004 재인용).
첫째, 양자 모두가 무엇을 기대할 수 있는지를 분명히 한다. 예를
들어, 부모는 아동이 학교에 규칙적으로 등교한다는 것과 아
동은 잉여의 보상을 얻는다는 것과 같은 것이다.
둘째, 약속된 행동은 쉽게 관찰될 수 있는 것이어야 한다.
셋째, 계약은 조건을 만족시키지 못할 때, 강제성이 있어야 한다.
어느 쪽이라도 약속을 지키지 못할 때, 미리 약속된 바대로
벌칙이 제도적으로 시행되어야 한다.
넷째, 계약은 약속된 바가 잘 지켜질 때, 그 행동을 강화하기 위한
보너스를 포함시켜야 한다.
다섯째, 계약은 정적 강화물이 얼마나 주어지고 받아 들여 졌는지
를 점검할 수 있도록 기록되어야 한다.

행동 계약서

1. 계약 목적
○○○의 게임 과몰입의 원인이 되는 <u>게임 접속 시간</u>을 줄이기 위해 다음과 같이 행동 계약을 맺습니다.

2. 계약 내용
 1) 기간: 년   월   일~   년   월   일
 2) 자녀 목표 행동
 -하루 게임 접속을 1시간 이하로 하겠습니다.
 -게임 접속 전 학교 과제를 먼저 하도록 하겠습니다.
 -밤 11시 이후에 게임 접속은 하지 않겠습니다.

자녀: ○○○ (인)

 3) 부모 보상 내용

자녀의 목표 행동	보상
-하루 게임 접속을 1시간 이하로 하겠습니다.	1,000점
-게임 접속 전 학교 과제를 먼저 하도록 하겠습니다.	1,000점
-11시 이후에 게임 접속은 하지 않겠습니다.	1,000점

 -일주일 단위로 모인 보상 점수를 합산하여 합산 금액만큼 문화상품권 또는 용돈을 제공할 것을 약속합니다.

부모: ○○○ (인)

3. 행동 계약 확인 서약
 계약자 간(부모-자녀)에 이루어진 행동 계약을 잘 이행하겠습니다.
 -목표 행동을 이루기 위해 최선을 다할 것을 약속합니다.

자녀: ○○○ (인)

 -목표 행동을 이루면 즉시 보상을 제공할 것을 약속합니다.

부모:○○○ (인)

년   월   일

3. 인지 행동 집단 상담 전략

어제 맨 끈은 오늘 허술해지기 쉽고, 내일은 풀어지기 쉽다. 사람도
결심한 바를
나날이 에며야 한다.
— 동양명언

한국게임산업진흥원(2008)에서는 청소년의 게임 과몰입 문제를 해결하기 위한 방안으로 집단 상담 치료 전략을 개발하여 집단 상담 치료 매뉴얼과 지침서를 개발하여 보급하고 있다. 다음 내용은 집단 상담 치료 매뉴얼에서 발췌한 내용 중 일부를 요약한 것이다.

청소년을 대상으로 하는 집단 상담의 원리는 청소년의 독특한 발달적 특성으로 인해 성인의 집단 상담과 다른 면들을 나타내는데 다음과 같다.

청소년 집단은 상담 동기가 부족하여 상담 초기에 거부감 제거하기와 집단 친밀감과 신뢰감 형성에 노력해야 한다. 청소년이 상담에 참여하는 이유는 스스로 도움이 필요함을 느끼고 이를 찾거나 집단 활동 중 재미와 부수적인 이유(간식, 보상, 사은품, 경품 등)로 찾는 경우, 그리고 부모나 교사에 의해 강제로 참여하기 때문에 스스로 도움이 필요한 경우를 제외하고는 상담에 동기 유발이 부족하다.

그리고 집단 리더가 되는 청소년에게 적극적으로 집단 규범을 설

정하고 집단의 한계를 분명히 하도록 도와주어야 한다. 분명한 규칙과 한계를 만들어 공유해야 상담이 잘 기능한다. 또한 청소년은 상담자를 쉽게 시험하려 들기 때문에 명확한 규율과 제약 사항을 안내하고 지키도록 해야 한다.

또한 청소년 집단 리더는 활동을 중심으로 참여를 유도하도록 도와주어야 한다. 친구들과의 흥미와 함께 친밀감 그리고 유대 관계를 갖는 다양한 활동을 해야 한다.

집단 상담의 단계를 크게 5단계로 구분하고 다음과 같은 주제를 다룬다.

단계 1. 관계 맺기

단계 2. 한계를 시험하기

단계 3. 권위 문제 해결하기

단계 4. 자기에 대해 작업하기

단계 5. 이별, 떠나기

한국게임산업진흥원(2008)에서 개발한 게임 과몰입 인지-행동 치료 프로그램은 집단의 상황에 따라 기본형 6회에서부터 종합형 12회까지 다양하게 조합하여 실시할 수 있도록 구성하였다.

기본형 6회의 내용은 다음과 같다.

1회기(우리 함께 모였네): 집단에 대한 오리엔테이션을 주 내용으로 하며, 자기소개, 게임 과몰입에 대한 교육용 비디오 시청, 참여 동기 및 집단 규범에 대한 서약이 포함되어 있다.

2회기(나의 게임 습관 알아보기): 게임 과몰입 행동에 대한 자기 자각에 초점을 맞추며, 게임 사용 습관 사용 동기를 알아본다.

또한 집단원의 낮은 변화 동기에 대해 집단 리더가 이를 수용하고, 집단원의 양가 감정을 다룬다.

3회기(꿈은 이루어진다): 게임 과몰입을 이겨 낼 수 있도록 집단원의 꿈과 인생 목표를 지지하는 회기이다. 집단원의 꿈을 집단원의 피드백을 통해 강화하며, 이 꿈이 현실로 이루어지기 위해서 게임 조절의 필요성이 강조된다.

4회기(멋진 나, 멋진 우리, 우리가 최고야): 초점은 집단원 자신의 장점 발견, 대안 활동의 모색에 있다. 게임 과몰입 집단원의 자아 존중감을 증진시켜 게임 과몰입에 대한 조절 동기를 북돋운다. 또한 게임이 아닌 다른 대안 활동을 현실적으로 모색해 본다.

5회기(그래 우린 결심했어): 게임 행동 수정에 대해 집단원 각자가 목표를 설정하고 대안 활동에 대해 서약을 한다. 특히 다른 집단원들 앞에서 행동을 서약하고, 대안 활동에 대해 부모로부터 필요한 지원을 받을 방법을 강구해 본다.

6회기(느낌표): 집단을 마무리하면서 재발 상황에 대한 대처 교육을 한다. 집단 활동을 평가하고 변화에 대해 새롭게 다짐한다.

종합형 교육 프로그램으로는 각 2회기의 사회 기술 훈련, 스트레스 관리, 인지적 재구성이 구성되어 있다.

7, 8회기(사회 기술 훈련): 게임 과몰입자의 행동 특징인 대인 관계에서의 소극적, 공격적 행동을 개선하기 위한 프로그램이다. 자기주장을 기타의 행동들과 구분하는 연습을 하며, 특히 게임 이용과 관련하여 친구의 요구나 유혹을 거절하는

훈련을 한다.

9, 10회기(스트레스 관리): 게임 과몰입 집단의 한 특징인 마술적, 부적절한 스트레스 대처 방식을 개선할 목적으로 기획되었다. 일상적인 스트레스 대처 방법의 단점을 자각하도록 하고, 보다 적극적이고 문제 해결적인 대처 방식을 습득하도록 돕는다.

11, 12회기(인지적 재구성): 게임 과몰입에서 주로 나타나는 역기능적 사고를 찾아내고, 이러한 사고들이 게임 과몰입 행동에서 어떤 작용을 하는지 이해한다. 그리고 이러한 사고들에 맞써울 수 있는 전략으로 보다 합리적인 대안적 사고를 고안하고, 유혹을 이겨 냈던 집단원의 자신의 경험을 되살려 효과적인 대처 방법을 습득할 수 있도록 한다.

4. 인지 행동 집단 치료 전략

어떤 높은 곳도 사람이 도달하지 못할 것이 없다.
그러나 결의와 자신을 가지고 올라가지 않으면 안 된다.
—한스 안데르센(덴마크 작가, 1805~1875)

인지 행동 치료(Cognitive-Behavioral Therapy; CBT)는 인간의 감정에 긍정적인 영향을 주기 위해 인지 사고와 행동의 변화를 목표로 하는 심리 치료 방법이다. 초기 연구는 파블로프와 같은 행동주의 학자의 이론을 이용한 행동 수정 이론이 주를 이루었으나, 인지주의가 발전하면서 파생된 인지 치료 이론으로 발전하였고, 그 후에 이 두 이론을 통합하여 인지 행동 치료로 발전하였다. 1970년대 마이헨바움 (Meichenbaum), 골드프리드(Goldfried), 켄달(Kendall), 홀론(Hollon)의 연구를 통하여 발전해 왔다.

(관련 사이트: An Introduction to Cognitive Therapy & Cognitive Behavioural Approaches, http://counsellingresource.com/types/cognitive-th erapy/)

인지 행동 치료는 환자의 징후나 증상의 관찰을 기반으로 하고 비용 대비 효율성이 요구되는 심리치료에 사용된다. 따라서 개인 치료뿐만이 아니라 집단 치료에도 널리 사용된다.

인지 행동 치료는 일반적으로 정신 장애와 같은 문제를 해결하기 위해 널리 사용되었으나 특수한 치료 기법들이 대거 등장하면서 그 적용 범위가 확대되었다. 치료의 방법은 내담자의 특징과 병적인 문제에 따라 달라진다. 그러나 일반적인 치료의 과정은 다음과 같다.

① 증상의 치료 및 문제 해결을 위한 유의미한 사건과 연합된 감정 분석
② 인지사고 및 행동에 대한 일기(diary)를 쓰게 하여 자료 수집
③ 전혀 도움이 되지 않을 수도 있으며 비현실적인 생각일지라도 그 사고 과정에 대한 습관과 추측의 내용을 질의하고 검사함.
④ 점차 회피하고자 하는 문제 행동들을 접하게 하여 치료
⑤ 행동에 따른 반응을 살펴 새로운 해결과 치료 방식을 시도해 감.
⑥ 주로 이완과 주의 분산 기법들을 활용함.

치료 방법으로는 주로 개입을 활용한 인지적 재구성, 문제 해결의 적극적 참여, 대처 방식 전략, 의사소통 기술, 자기주장 훈련, 모델링 갖기, 문제 노출시키기, 문제에 대해 둔감화하기, 긴장 이완, 칭찬 등의 개입 요법을 사용한다.

게임 중독 치료에 인지 행동 치료 방법을 적용한 사례를 살펴보면 다음과 같다(이형초·안창일 2002).
첫 번째 단계는 게임을 하는 행동에 대한 인식하기이다. 게임에 과몰입된 사람은 게임을 하는 주목적이 현실의 힘든 상황을 회피하고 그에 따른 스트레스를 해소하거나 즐거움을 얻게 된다는 생각을 하게 된다. 그러나 이러한 생각이 자동으로 게임에 더 몰입하게 만들어 현실에서 도피하고 결국 부정적인 문제들과 악순환이 반복된다. 이러한 것을 인식하도록 돕는다.
두 번째 단계는 게임 행동의 인지적 왜곡을 수정하기이다. 게임 과

몰입자가 가지고 있는 잘못된 인지를 수정해야 중독 행동이 개선된다. 과다한 게임의 몰입에 대한 행동이 스트레스나 부정적인 문제와 감정들을 회피할 수 있다고 여기지만 이것은 자신에 대한 자신감을 낮추고 부정적인 문제와 스트레스로 인해 우울한 상황으로 심화된다. 따라서 이러한 문제 행동에 대해 자신의 부정적 문제 스스로 인식하기, 중독의 심각한 사례 찾기, 주변 관계의 문제 인식, 타인 되어 보기, 역할극 등을 통해 왜곡된 인지를 바로잡도록 한다.

세 번째 단계는 게임의 대안 활동 찾기이다. 게임 대신 할 수 있는 대안 활동으로서 신체 표현 활동, 생태 체험 활동, 오프라인 게임, 경험과 여행 등 다양한 프로그램을 적용하여 게임 접속 시간을 줄이도록 한다. 대안 활동에는 가족과 친구들이 중요한 역할을 한다.

네 번째 단계는 자기 통제력 증진하기이다. 게임 중독의 문제는 결국 자신의 문제이고 자신이 만든 습관이기 때문에 스스로의 통제력이 치료의 관건이 된다. 따라서 자기 통제력과 함께 자기 효능감, 미래의 긍정적 도전감 등을 키워 주도록 도와준다. 또한 자기의 시간 관리 전략을 수립하여 시간을 효과적으로 사용하도록 한다.

다섯 번째 단계는 게임과 관련된 대인 갈등 해소하기이다. 부모의 문제가 곧 자녀의 게임 중독으로 귀결되기 때문에 부모 스스로도 자녀의 게임 중독 문제에 관심을 갖고 적극 참여한다. 게임 과몰입자도 게임으로 인한 가족 간의 갈등 문제를 인식하고 이를 해결하기 위한 방법을 논의한다. 친구 관계와 학업 문제도 마찬가지로 적극적으로 해결하도록 한다.

여섯 번째 단계는 재발 방지 및 위험 상황 대처하기이다. 스트레스 관리와 학업 관리, 그리고 게임 조절에 대한 성공 요인과 실패 요인을 분석하여 재발 방지에 노력한다.

5. 자기 통제 전략

돈만이 재산은 아니다.
지식도, 건강도, 재능도 재산이다.
그러나 의지는 다른 어떤 것보다도 큰 재산이다.
- 구스타프 슈바프(독일 시인, 1792~1850)

다음의 자기 통제 전략을 통한 게임 중독 치료 방안은 한국게임산업개발원이 발행한 보고서를 참고하여 오경자(2006)가 연구한 내용에서 발췌한 내용을 정리하여 제시한것이다.

게임 중독 문제를 해결하기 위해서는 게임 중독 당사자의 특성과 나타난 문제 행동의 정확한 진단과 분석이 선행되어야 한다. 게임 중독이 되었더라도 게임 접속 동기와 게임에 지속적으로 몰입하게 하는 요인이 다르기 때문에 그 해결 방법도 다르게 접근해야 한다. 게임 중독 유형은 자폐적 만족 유형, 공격성 유형, 사회적 의존 유형, 사회적 압력 유형으로 구분할 수 있다. 이러한 유형들은 각기 그 특성에 따라 문제의 원인과 그에 따른 문제 행동 형태와 그 행동의 결과가 다르게 나타난다(한국게임산업개발원, 2005).

따라서 단순히 게임을 못 하게 하거나 게임 시간을 줄이거나 게임 대신 다른 보상을 주는 것은 근본적인 해결이 될 수 없다.

그 해결의 방안으로 다양한 연구자들이 게임 중독의 개인적 변인을 자기 통제력으로 보고, 자기 통제력을 신장시키는 것이 효과적이라 보았다. 또한 부모−자녀 간의 의사소통을 강화시킴으로써 게임 중독의 원인을 제거하고 자녀의 문제를 부모가 적극적으로 개입하여 해결해 주면서 자연스럽게 게임 중독을 치료하는 방안을 함께 제안하였다(이경님, 2003; 박재성, 2004; 김연화·정영숙, 2005; 장재홍·신효정, 2004).

자기 통제력 개선과 부모 자녀 간 의사소통 강화를 통한 게임 중독 치료 프로그램은 4회기로 구성되었으며, 구체적인 치료 교육 프로그램은 다음과 같다.

<1회기>

1. 자기 조절 기술에 대한 교육
   - 정의: 자기 조절 기술이란?
   - 활용 영역: 자기 조절 기술이 특히 게임과 같은 활동에서 필요한 이유 강조
   - 자기 조절 5요인 소개
2. 자기 조절 1요인 훈련
   - 자기 조절 1요인 교육: 변화시키고 싶은 문제를 구체적으로 적고, 목표를 설정
   - 집단 활동: 게임 현황 기록지 작성
   - 구체적인 기록을 도와주는 도구의 필요성과 유용성 교육
   - 블루쉴드 소개: 설치 및 활용법 소개

<2회기>

3. 기록을 통한 변화 인식 및 게임 이용 패턴 확인

　－단계 구체적 기록의 심화: 한 주간의 소감 및 기록 과정에서 발표

　－단계 목표 세우기: [엄마와 나의 계약서에 최종 목표 기록]

4. 자기 조절 모형(S-O-C)와 강화 원리 교육

5. SOC 모형을 통하여 나의 게임 습관 분석하기(게임의 원인 및 결과 분석)

　－어떤 때에 게임을 많이 하게 되는지 파악하기(S목록 정리하기)

　－부모·자녀가 각각 제공된 material에 '자녀'가 게임을 어떤 경우에 많이 하게 되는지 작성

　－부모·자녀가 자신이 작성한 리스트 비교

　－게임을 한 후에 생기는 감정, 장단점 파악(C목록 정리하기)

　－부모·자녀가 각각 제공된 material에 게임을 하고 나면 생기는 결과 기록

　－결과는 결과적으로 일어나는 일, 게임 후의 감정, 부모님과의 관계 등의 예를 들어 줌.

　－한 주간 지속할 게임 조절 목표 설정

6. 목표 달성을 위한 구체적 계획 작성: 상황을 변화시키기 위한 방법 찾기

　－자녀의 역할과 어머니의 역할의 균형을 잡아 준다.

<3회기>

7. 복습: 스스로 조절하기 원리, 강화 원리, 주변 도움의 유용성 강조

8. **SOC** 심화 교육: 단기결과 및 장기 결과 구분하기, 심심한 상황 공통 분석: S-O-C1(단기 결과)-C2(장기 결과)
9. 심심한 상황 개별 분석
10. 심심한 상황 개별 팀별 대안 찾기: S요인, O요인, C1요인, C2요 인을 각각 변화시켜 본다.
11. 계약서 작성을 통한 조절 목표 및 구체적 실행 계획 수립

<4회기>
12. 복습 퀴즈
13. 1~3회기 동안의 변화에 대한 개별 분석 보고서 제공
14. 개별 분석 보고서의 '부모', '자녀'란 기록 활동: 기록, 발표 및 서로 피드백 주기
15. 어머님 지침 / 자녀 지침 읽기
   -어머니: 스스로 조절하기 원리(SOC), 강화 원리, 효과적인 보상, 계약서 작성 시 주의 사항(일관성, 한 번에 하나씩), 자 녀의 말 경청(끼어들지 않기)
   -자녀: 떼쓰지 않고 내 의사를 정확하게 표현하기
16. 어머니 이야기 시간 및 잠깐 생각해 보기: 소감, 우려되는 바, 장기 계획
17. 3주를 위한 계약서 스스로 작성하기

6. 인지 행동 미술 치료 전략

결단하여 해야 할 일을 실행하겠다고 결심하라.
결심한 것을 반드시 실행하라.
－벤저민 프랭클린(미국 정치가, 1706~1790)

인지 행동 집단 미술 치료 방법은 게임 중독의 치료 방법으로 미술 활동을 이용하는 방법이다.

일반적으로 미술 치료 연구는 미술 교육 분야와 결합하여 초·중등 청소년들을 대상으로 실시되고 있으며, 부모와의 가정 관계, 대인 관계, 학습 적응력, 자기 존중감, 스트레스 감소 등의 연구를 실시하고 있다.

게임 중독 치료에서 미술 치료가 지닌 대표적인 장점은 다음과 같다.

게임 중독의 원인을 그림으로 표현하게 함으로써 진단과 분석이 용이하다. 상담의 경우 게임 중독에 걸린 청소년들이 언어적 표현에 미숙한 경우가 대부분이기 때문에 세부적인 진단을 하기가 어렵다.

게임 중독의 상태에 대하여 구체적으로 파악할 수 있다. 그림으로 표현함으로써 폭력성, 정신적 혼란, 스트레스, 부모와의 갈등 등에 대해서 면밀하게 조사할 수 있다.

상담으로써 언어 능력이 부족한 교사나 심리적인 부분의 전문성이 약간 부족하더라도 미술 활동으로 진행하므로 치료자의 부담이 적어진다.

상담의 경우 훈화나 문제 행동의 지적, 문제를 강제로 해결해 주려는 경향이 종종 발생하지만 미술 활동, 그리기, 조형 활동, 표현, 창작 활동에서는 강요하지 않고 자연스럽게 문제를 해결할 수 있는 여지를 마련할 수 있다.

미술 활동 중에 자연스런 대화와 문제 행동의 원인 그리고 그 해결 자체를 게임 과몰입 대상자가 스스로 파악하여 개선할 수 있도록 할 수 있는 장점을 지니고 있다.

집단 미술 활동을 통해 협력하고 경쟁하며 자연스럽게 대인 관계와 의사소통 기술, 그리고 함께 창작하는 기쁨을 얻을 수 있다.

문제 행동 치료에 효과적인 준비된 다양한 미술 치료 그림을 통해 정확한 진단과 치료를 진행할 수 있다.

미술 활동을 통해 얻은 시각적인 결과물과 손으로 몸으로 만든 결과물들이 게임 과몰입 대상자로 하여금 감정을 정화시키고 생각을 재정립하도록 도와준다. 또한 창조 과정 동안 스트레스를 해소하고 정서적 안정감을 찾는 데 도움을 준다.

미술 활동을 교사 또는 부모와 함께 함으로써 단절된 의사소통을 열어 주고 내면의 고통과 문제들에 대해 자연스럽게 언어적 상담으로 이어지게 만들어 준다.

치료의 과정을 그림 또는 조형 활동의 결과로 나타나기 때문에 시각적으로 확인하고 결과물을 남길 수 있다.

게임 중독 치료를 위한 방안으로 미술 치료를 적용한 연구들이 점차 증가하고 있는 추세이다. 특히 미술 치료사 자격증의 증가로 인하여 다양한 문제 행동 영역에서 효과적인 프로그램들이 개발되고 있다. 대표적으로 이진화(2005)의 연구와 정보문화진흥원(2006)에서 인터넷 중독 미술 치료 프로그램 개발 연구를 실시하여 교사와 학생 교재를 개발한 사례가 있다.

이진화(2005)는 인지－행동을 기반으로 하는 컴퓨터 게임 중독 미술 치료와 관련된 연구를 진행하고 실제 초등학생들을 대상으로 집단 미술 치료 프로그램을 개발하고 현장에 적용하여 그 효과를 검증하였다. 프로그램은 총 16회기의 프로그램으로 구성되었으며 단계는 신뢰감 형성 단계, 자기표현 단계, 탐색 단계, 대안 활동 및 문제 해결 단계, 자기 강화 단계, 마무리 단계로 구성되었다. 매시간 프로그램의 진행 절차는 도입－활동－평가－과제 확인－제출 단계로 진행하였다.

〈표 5-1〉 컴퓨터 게임 중독 미술 치료 프로그램(이진화, 2005)

단계	회기	주제	활동 내용	기대 효과
신뢰감형성	1	만나서 반가워요	컴퓨터 게임 중독 아동에게 미술 치료에 대한 소개와 규칙 설명 1차 게임 중독 검사 행동계약서 작성	미술 치료 활동 참여 유발
	2	난화그리기	휘갈겨 그리기 한 후 연상되는 단어 찾아 이야기 만들기	치료 흥미 유발 래포 형성 자신감 획득
	3	핑거 페인팅	핑거 페인팅을 한 후 다른 종이에 찍기	표현력 증진 정서의 안정과 거부, 저항에 대한 감소
자기표현단계	4	찰흙놀이	찰흙을 던지고 자유롭게 만들기 자신의 일상 되돌아보기	매체에 대한 부담감 감소 하나의 놀이로서 역할
	5	나의 세계	내가 좋아하는 친구, 물건, 장소, 음식 표현하기	내담자의 자기표현 의사 표현력 증진
	6	나의 하루 일과표	현재 하루 일과를 작성하기 현재 자신의 중요 시간 찾기	자기 행동 관리와 시간 관리 인식 자기 통제력 향성 게임 중독의 자기 인식 시간 관리 기법

탐색단계	7	퀴즈를 풀자	컴퓨터 게임 중독 증상 맞추기	미래의 일 예측
	8	뉴스기사역할극	컴퓨터 게임 중독으로 인한 뉴스 보도를 역할극하기 콜라주로 표현하기	자기 모습을 객관적으로 인식 부정적 사건으로 인한 자기 통찰
	9	2가지 얼굴	게임만 했을 경우 나의 20년 후 모습 그리고 미래에 정말 되고 싶은 모습 찰흙으로 표현하기	게임으로 인해 변화된 자신의 생활 탐색 미래에 일어날 결과 예상
대안활동 및 문제해결	10	나는 잘한다	친구 칭찬하기 릴레이 나뭇잎 한 장에 내가 잘하는 것 적어 붙이고 나무 만들기	장점 살려 자신감 증진 자기 통제력 향상 행동 강화
	11	나의 멋진 모습	전신을 본뜨고 미래에 되고 싶은 내가 되기 위해 필요한 것 그리거나 붙이기	자기 통제력 향상 문제 해결력 향상
	12	나에게 무엇이 필요할까	손바닥을 펴서 따라 그린 후 게임으로 인해 잃을 수 있는 5가지 적기 게임의 대안 활동 5가지 적기	컴퓨터 게임에 대한 인지 변화 확인
	13	무엇이 탄생할까	소중한 친구 이름 5명 빨리 말하기	자신감 강화 자존감 획득
자기강화	14	나는 어떤 모습일까	자신만의 캐릭터 만들기	미래 계획서 작성
마무리	15	새로운 출발	미래 계획 작성하기	시간 관리 기술 획득
	16	정말 잘했어	상장 수여 2차 컴퓨터 게임 중독성 검사 행동 계약서 확인하기	교정된 인지 유지 게임 중독 탈출 지속

한국정보문화진흥원에서 개발한 게임 중독 미술 치료 프로그램은 총 8회기로 구성되었으며 자세한 내용은 다음과 같다.

〈표 5-2〉 게임 중독 미술 치료 프로그램(한국정보화진흥원, 2006)

단계	회기	활동명	목표	활동 내용
친밀감형성	1	우리 여기 모여-	인터넷 중독 미술 치료 프로그램의 적극적 참여를 위한 동기를 유발하고 구성원 간의 친밀감을 형성하기	미술 치료 프로그램 오리엔테이션 집단 규칙 정하기 서약서 쓰기 자기소개
감정인식과표현	2	내가 가장 좋아하는 것은?	정서적 이완과 표출 원활하게 하기 긍정적인 자기 모습 찾기	자신이 가장 좋아하는 것을 미술 매체를 이용하여 표현하기 (자신이 좋아하는 인터넷 등)
	3	인터넷의 장단점	인터넷에 대해 객관적인 인식 가지기 자신의 문제점 파악하기	인터넷의 장단점을 표현하기 팀별 작업
자기 / 타인인식	4	이야기가 있는 인터넷	인터넷 중독과 관련하여 가족과의 관계 파악하기	인터넷에 중독되었을 때의 폐허에 대해 표현하며 집단 조각 해 보기 역할극 해 보기(인터넷을 사용하면 집에서는 어떤 반응을 보이는지 등)
	5	내가 가장 힘들어하는 것은?	부모님과의 미해결 과제 찾아 보기(느낌, 감정, 갈등의 표출)	신체 본뜨기를 하여 부모상을 표현하여 가정 내에서 인터넷 사용 시 부모에게 듣는 말을 표현해 보기
	6	지금 현재 가장 중요한 것은?	인터넷보다 더 중요한 자신외 목표 찾기	빈 의자 기법을 활용하여 가장 중요한 것을 떠올려 보며 하고픈 이야기를 표현해 보기
사회적적응과미래설계 / 마무리	7	인터넷과 건강하게 만나기	자신의 긍정적인 부분 찾아 강화하기	인터넷과 이별했을 때의 좋은 점과 나쁜 점 표현해 보기 극복할 수 있는 자신의 의지 찾아보기
	8	인터넷과 나	집단 활동에서의 협동, 관여 사회적 지지와 신뢰	서로의 강점을 찾아 주고, 인터넷 중독에서 벗어날 수 있는 방법을 지지해 주기

06

게임 중독 치료를 위한
교사 연수들

1. 교사 연수의 이해
2. 게임 중독 교사 연수 분석
3. 게임 중독 예방 교사 연수
4. 게임 중독 치료 프로그램 Ⅰ
5. 게임 중독 치료 프로그램 Ⅱ

본 장에서는 게임 중독 예방과 치료를 위한 교사 연수 프로그램에 대해 소개한다. 이하 연구의 주 내용은 이하나와 한선관(2010)의 게임 중독 치료를 위한 교사 연수 프로그램 개발 연구와, 이하나(2010)의 논문에서 발췌한 내용을 바탕으로 제시하였다. 참고로 게임 중독 관련 연구시범학교 교사의 연수와 시도 교육청 연수 프로그램 및 게임 중독 교육 관련 기관의 연구자들을 도와주기 위해 2편의 저자의 허락을 받아 연구 내용과 결과는 가급적 정리하되 연구의 목적부터 전략, 방법 및 내용은 원문을 충실히 반영하고자 하였다.

1. 교사 연수의 이해

최고급 선생은 가장 많은 지식을 가진 사람이 아니다. 그는 그의
학생들이 배울 수 있는 능력을 가지고 있다는 사실을
믿도록 만드는 것이다.
- 노만 코지슨(미국 작가, 1915~1990)

지식 정보 사회의 큰 특징은 변화이다. 교육에서도 예외가 될 수는
없다. 교육의 변화는 학생의 학교, 교사, 변화이다. 학생들은 성장 자
체가 변화이며 사회의 반영이다. 학교의 변화는 교육 체제의 변화이
며 국가의 의도로 자연스럽게 변화를 주도한다. 교육에서의 가장 중
요한 주체이자 변화의 대상은 바로 교사이다.

이러한 교사들의 변화를 지원하는 것이 바로 연수이다. 급변하는
사회와 학교 그리고 학생들의 요구와 만족을 위해 교사들은 부단한
연수를 통해 변화를 추구해야만 한다. 교사들의 연찬과 연수를 통한
재교육은 교사의 중요한 선택이자 직무로서의 의무이다. '교사의 질
이 곧 교육의 질이다'라는 당연한 문구가 말하듯 교사의 끊임없는 연
수는 교육의 미래와 학생들의 장래를 책임진다.

교사 연수는 교사의 전문적 성장을 위해 진행되는 형식적, 비형식
교육이라고 정의할 수 있다.

형식적 교육으로서 연수는 교육 관련 기관, 예를 들면 교육청, 고

등 교육 기관, 대학교, 공식 연수 기관, 사설 교육 기관에서 진행하는 인증된 교육 프로그램 또는 자격 취득을 목적으로 하는 강습을 말한다. 비형식 연수는 자신이 속한 교육 기관에서 자율적으로 진행되는 프로그램, 또는 사설 기관에서 개인적으로 참여하여 학습하는 연수를 말한다. 형식적이든 비형식적이든 교사의 전문성과 자질 향상을 위해서 연수는 매우 중요한 활동이다.

이제 구체적인 교사 연수에 대해 살펴본다. 교사 연수는 교원 연수 기관에서 실시하는 재교육 연수, 현장 교육 기관에서 실시하는 자체 연수, 그리고 개인적으로 참여하는 개별 연수가 있다. 우리나라의 교원 연수의 종류를 요약하면 다음 <표 6-1>과 같다.

〈표 6-1〉 교원 연수의 종류(문득룡, 1999)

연수종별	목적	과정	시기/기간	실시 기관
지격 연수	- 상급자격취득 - 전문성 제고 및 자질 향상	- 교(원)장 - 교(감)장 - 1급 정교사 - 2급 정교사	- 하계·동계 방학 기간 - 180시간 (30일) 이상	- 시·도 지방 교원연수원 - 대학부설 초·중등학교 - 교원대 종합교원연수원 - 서울대학교 행정연수원
일반 연수	- 교육이론방법 및 일반교양 제고	- 전공 교사 과정 - 교과 전담 과정 - 컴퓨터 과정 - 특활 영어 과정 - 무용 국악 연수	- 하계·동계 방학 기간 - 60시간 (10일) 이상	- 시·도 지방 교원연수원 - 대학부설 초·중등교원연구원 - 기타 특수 분야 연수기관으로 지정된 기관
직무 연수	- 직무 수행 능력 향상 - 교직 윤리관 제고	- 신규 임용 예정 교사 연수 - 교장·교감·주임 교사 직무 연수, 복직자 연수 등	- 연중 실시 1~6일	- 중앙교육연수원 - 시·도 지방교원연수원

특별 연수	-전문성 제고 　및 자질 연수	-석사 과정 　(계절제 석사 　과정 포함)	-연중 　10~12일간	-시·도 교육청
해외 연수	-국제화 시대에 　적응하는 교육력 　제고 -외국어 능력 신장 -선진국의 과학 　기술 정보 습득 -사기 앙양 및 　사명감 고취	-시찰 연수	-연중 　10~12일간	-시·도 교육청
		-장기 현장 연수 　(실업, 과학, 　외국어 교사)	-방학 중 　5~8주	-국제교육진흥원

2. 게임 중독 교사 연수 분석

인내력이 없는 사람은 남을 가르칠 수 없다.
—랍비 히레르

게임 중독 문제의 심각성과 게임 중독 청소년의 증가 추세에 비해 게임 중독과 관련하여 교사 연수를 진행하는 사례는 비교적 찾아보기 어려운 상황이다. 이것은 게임 중독의 문제를 학교 문제나 교육의 문제로 보지 않고 한 가정 문제 또는 학생 개인의 문제로 보는 경향이 짙기 때문이다. 이제는 조금 더 심각하게 청소년들의 게임 중독 문제를 인식하고 교육 기관 내에서 적극적으로 대처해야 할 것으로 보인다. 그 대안으로써 교사 연수를 통해 게임 중독의 문제에 대해 인식하고 예방 교육과 함께 치료 교육을 통해 게임 중독으로 인해 발생하는 관련 문제들을 적극적으로 해결하도록 해야 한다.

현재 게임 중독 관련 교사 연수 프로그램은 한국정보화 진흥원 미디어중독예방교육센터에서 집중적으로 실시하고 있다. 대부분의 교육 기관은 한국정보화진흥원에서 개발된 프로그램과 자료 그리고 강사진의 지원으로 진행되고 있는 실정이다. 몇몇 사설 연수 기관과 원격 연수 기관, 그리고 개인 상담 센터 등에서 연수를 진행하고 있다. 정리한 내용은 다음 <표 6-2>와 같다.

〈표 6-2〉 게임 중독 관련 교사 연수 프로그램

연수 기관	과정	시기 · 기간	연수 유형별 구분
한국정보화진흥원 미디어중독예방 교육센터	인터넷 중독 예방 상담 교원직무연수	5일, 30시간 (10:00~17:00)	직무 연수
	인터넷 중독 상담 초급과정	15시간 (온라인 과정)	직무 연수
인천광역시교육청	인터넷 중독 치료 및 예방 관련 교사 연수 프로그램	7시간 (09:00~17:00)	직무 연수
각 시 · 도 교육청	한국정보화진흥원 강사 지원 교사 연수 프로그램	7시간	직무 연수

티처빌	게임 과몰입(중독) 예방 교원 직무 연수	30시간 (온라인 과정)	직무 연수
경인교육대학교 미래인재연구소	인터넷(게임) 중독 치유 교원 직무 연수	5일, 30시간	직무 연수

인천광역시 교육청을 비롯한 각 시·도 교육청에서는 한국정보화 진흥원의 지원을 받아 인터넷 중독 치료 및 예방 교사 연수를 실시하고 있다. 2008년도 인천광역시교육청에서 실시한 인터넷 중독 치료 및 예방 관련 교사 연수 프로그램은 다음과 같다.

〈표 6-3〉 인터넷 중독 관련 교사 연수 프로그램(인천광역시 교육청, 2008)

차시	시간	주제	교육 활동
	09:00~09:30		접수 및 교육 준비
1	09:30~11:00	마음 열기 모둠 세우기	마음 열기/신호 약속·익히기/풍선치기/모둠 역할 정하기/3단계 인터뷰/창문 열기/매직넘버/알쏭달쏭퀴즈/이 사람을 찾아라/종이 눈싸움
	11:00~11:10		휴식&간식
2	11:10~12:40	생각의 힘 기우기 태도의 힘 키우기	선한 종 악한 주인 말주머니 채우기 문장 퍼즐/영상 읽기_초딩과 상담원의 대회/5단계 OX퀴즈/문장 퍼즐 이구동성_게임 이름 맞추기 폭력 게임에 뇌가 죽어 간다/늑대사냥법의 교훈/문장 퍼즐
	12:40~13:30		점심 식사
3	13:30~15:00	절제 습관의 힘 키우기	사탕대왕/함께 진단하는 인터넷 게임 이용 습관/이야기 엮기/영상 읽기 토의 학습_중독 예방을 위한 좋은 방법 욕망을 조절하는 습관 훈련 PKC PKC 계획 세우기/문장 퍼즐
	15:00~15:10		휴식&간식
4	15:10~16:40	주도적 역량 키우기	위험을 볼 수 있는 눈!/영상 읽기_헬렌켈러 비전의 사람/사고력을 키우는 독서/노래가사 바꿔 부르기 프로젝트 나의 결심 열매 만들기/전체 과정 돌아보기/영상 읽기_닉부이치치/결단을 위한 시간
	16:40~17:00		평가회

한국정보화진흥원의 산하 기관인 미디어중독예방교육센터에서 실시한 인터넷 중독 교원 직무 연수 교육 프로그램은 다음 <표 6-4>와 같다.

〈표 6-4〉 인터넷 중독 교사 직무 연수 프로그램(한국정보문화진흥원, 2009)

일정	교육 내용	교육 시간
1일차	오리엔테이션	1
	청소년 사이버 성적 일탈	2
	청소년 사이버 문화 심리 이해	3
2일차	인터넷 중독과 사이버 비행	2
	인터넷 중독 실태와 국가 정책	2
	인터넷 중독과 미술 치료	2
3일차	생애 주기별 집단 상담 프로그램-초등 저학년 및 유치원	2
	온라인게임의 이해	2
	생애 주기별 집단 상담 프로그램-초등 고학년	2
4일차	생애 주기별 집단 상담 프로그램-중학생	2
	생애 주기별 집단 상담 프로그램-고교생	2
	생애 주기별 집단 상담 프로그램-가족	2
5일차	인터넷 중독 척도 활용	2
	인터넷 중독과 학교 상담	3
	종합 토론 및 설문	1

또한 한국정보화진흥원에서는 인터넷 중독 치료를 위한 전문 상담사 양성 과정을 운영하고 있다. 전문 상담사 양성 과정 프로그램은 다음 <표 6-5>와 같다.

구 분			교육 시간	교육명	시간	계
1 차 교 육	1 일 차		10:00~11:00	오리엔테이션	1	7
			11:00~13:00	인터넷 중독 동향과 국가 정책	2	
			13:00~14:00	점심 식사		
			14:00~16:00	개인 상담 전략	2	
			16:00~18:00	인터넷 중독과 사이버 비행	2	
	2 일 차		10:00~13:00	온라인게임의 이해	3	7
			13:00~14:00	점심 식사		
			14:00~16:00	청소년 사이버 문화 심리	2	
			16:00~18:00	인터넷 중독자 치료의 방법과 실제	2	
	3 일 차		10:00~13:00	인터넷 중독 척도	3	6
			13:00~14:00	점심 식사		
			14:00~17:00	인터넷 중독과 미술 치료	3	
2 차 교 육	1 일 차		10:00~13:00	생애 주기별 집단 상담 프로그램-초등 고학년생	3	6
			13:00~14:00	점심 식사		
			14:00~17:00	생애 주기별 집단 상담 프로그램-초등 저학년생	3	
	2 일 차		10:00~13:00	생애 주기별 집단 상담 프로그램-중학생	3	7
			13:00~14:00	점심 식사		
			14:00~18:00	생애 주기별 집단 상담 프로그램-고교생	4	
	3 일 차		10:00~13:00	생애 주기별 집단 상담 프로그램-가족	3	7
			13:00~14:00	점심 식사		
			14:00~17:00	개인 상담 슈퍼비전	3	
			17:00~18:00	수료식	1	

티처빌(www.teacherville.co.kr)은 교원 대상 연수 사이트로 게임 과
몰입 예방 직무 연수를 다음과 같이 실시하고 있다.

1주 10시간: 게임 과몰입 이해, 게임 과몰입 증상과 사례, 게임 과
몰입 예방, 게임 과몰입 상담 프로그램, 상담 기관, 절차 소개,
상담 사례

2주 10시간: 교육용 게임의 이해, 교육용 게임 수업 모형, 교육용
　　　게임 교수 학습 지도, 게임의 기능, 올바른 게임 습관 및 지도,
　　　게임과 인터넷 윤리
3주 10시간: 게임 관련 진로, 게임 관련 직업, 미래를 위한 준비 교육

경인교육대학교 미래인재연구소(http://in.re.kr)에서는 인천시교육청
과 협력하여 인터넷(게임) 중독 치유 교원 직무 연수 30시간 과정을
운영하고 있다.

교육 프로그램은 게임 중독의 개요부터 시작하여 예방 교육 방법
및 치료 전략에 대해 실습과 함께 진행하고 있다. 운영 프로그램은
다음과 같다.

〈표 6-6〉 인터넷(게임) 중독 치유 교원 직무 연수 과정

차수	1교시	2교시	3교시	4교시	5교시	6교시
1일	인터넷 중독 개요	게임 중독 이해	게임 중독 사례	분임 친목 상호 이해	게임 중독 검사와 해석	게임 중독 사례 분임 토의
2일	게임 이해 게임 체험 Ⅰ	게임 체험 Ⅱ	게임체험 분임토의	EPL 활용 시선 돌리기	EPL 활용 시선 돌리기	EPL 활용 시선 돌리기
3일	음악 놀이 치료	신체 활동 치료	신체 활동 치료	미술 치료의 이론	미술 치료의 실제	미술 치료의 사례
4일	게임 중독 예방/치료 교육의 이론	게임 중독 예방 수업안 개발	게임 중독 예방 수업안 공유	EPL 활용 사고력 치료 교육	EPL 활용 사고력 치료 교육	EPL 활용 사고력 치료 교육
5일	게임 중독 상담의 이론	게임 중독 상담의 실제	게임 중독 상담의 사례	게임 중독 교육 워크시트 개발	워크시트 공유 및 발표	리더십 프로그램

이상과 같이 게임 중독 예방 교사 연수와 치료 교사 연수는 아직

많이 인식이 부족하고 활성화되지 않은 상황이다. 따라서 효과적이고 현장 교사들에 적절하게 적용할 수 있는 게임 중독 예방 연수 프로그램과 치료 연수 프로그램이 부족한 실정이다. 이러한 측면에서 이하나·한선관(2009; 2010)이 연구한 게임 중독 예방과 치료 연수프로그램을 다음 절부터 제시하고자 한다.

이하나와 한선관(2009)이 개발한 연수 프로그램의 기본 내용은 한국정보문화진흥원과 게임산업진흥개발원의 2개 기관의 초등학생 대상 온라인게임 중독 예방 교육 프로그램 중에서 공통적으로 다루고 있는 내용을 중심으로 하였다. 그러나 2개 기관의 내용들을 기존 프로그램에 모두 포함시키지 않고 선행 연구에서 온라인게임 중독 예방 및 치료에 효과가 있다고 입증된 프로그램의 내용 일부를 포함시켰다.

게임 중독 예방 및 치료를 위한 교사용 연수 프로그램은 다음과 같이 총 5단계에 걸쳐 개발되었다.

교사 연수 프로그램 개발 과정

프로그램 개발 과정을 통해 설계된 내용 및 구성은 아래와 같다. 연수 프로그램은 기존의 연수 체제에 맞게 3시간·6시간·15시간의 자율 연수와 30시간·60시간의 직무연수, 120시간 자격증 연수로 구분하였다.

연수의 유형은 크게 게임 중독 예방 교육, 게임 중독 치료교육 Ⅰ, 게임 중독 치료교육 Ⅱ로 나뉜다. 연수의 내용 중 게임 중독의 이해 및 사례는 모든 연수에 해당되고, 자율·직무·자격증 연수 순으로 예방·치료 Ⅰ·치료 Ⅱ에 해당하는 내용으로 구성하였다. 앞서 언급 했듯이 게임 중독 예방 교육에 해당되는 내용은 기존에 초등학생을 대상으로 한 여러 가지의 예방 프로그램에서 공통적으로 다루고 있는 내용을 기반으로 하고 있으며, 부모 교육의 내용도 포함되어 있다.

게임 중독 치료 교육 Ⅰ에서는 예방 교육의 내용과 시선 돌리기, 자아 존중감 증진, 리더십 프로그램들로 구성하였다.

게임 중독 치료 교육 Ⅱ에서는 예방·치료 교육 Ⅰ의 내용과 더불어 보다 근본적인 치료를 위한 상담, 심리 치료, 미술 치료, 역할극 치료, 심성 교육, 놀이 치료, 기타 교육 방법 등의 내용으로 구성되어 있다. 프로그램의 내용 및 구성은 아래의 <표 6-7>과 같다.

〈표 6-7〉 교사 연수 유형에 따른 프로그램의 내용

구분	주제	세부 내용	대상자	연수 구분
예방	· 게임 중독의 이해	−게임 중독의 정의 −게임 중독의 증상 −게임 중독의 원인 −게임 중독의 피해	정상군 학생	자율 (3시간 6시간 15시간)
	· 게임 중독의 사례	−초등학교 게임 중독 사례		
	· 게임 중독 예방 교육	−게임 중독 예방 교육 과정 −게임 중독 예방 프로그램 −학부모 교육		
치료 Ⅰ	· 게임 중독의 이해	−게임 중독의 정의 −게임 중독의 증상 −게임 중독의 원인 −게임 중독의 피해	잠재적 위험군 학생	직무 (30시간 60시간)

치료 I	·게임 중독의 사례	-초등학교 게임 중독 사례	잠재적 위험군 학생	직무 (30시간 60시간)
	·게임 중독 예방 교육	-게임 중독 예방 프로그램 -학부모 교육		
	·게임 중독 치료 교육	-시선 돌리기 -자아 존중감 증진 -리더십 과정		
치료 II	·게임 중독의 이해	-게임 중독의 정의 -게임 중독의 증상 -게임 중독의 원인 -게임 중독의 피해	고위험군 학생	직무 (60시간) 자격증 (120시간)
	·게임 중독의 사례	-초등학교 게임 중독 사례		
	·게임 중독 예방 교육	-게임 중독 예방 프로그램 -학부모 교육		
	·게임 중독 치료 교육 I	-시선 돌리기 -자아 존중감 증진 -리더십 과정		
	·게임 중독 치료 교육 II	-상담 -심리 치료 -미술 치료 -역할 놀이 치료 -심성 개발 -기타		

3. 게임 중독 예방 교사 연수

생명은 자기 부모로부터 물려받은 것이지만,
그 생명을 보람되고 온전하게 키우는 법을
가르치는 것은 다름 아닌 스승의 몫이다.
―유동범(시인)

 게임 중독 예방 연수 프로그램은 게임 중독의 이해, 초등학생 게임
중독의 사례, 게임 중독 검사, 예방 교육 프로그램, 치료 방안, 부모
교육의 영역으로 구성하였다. 게임 중독의 이해 영역에서는 게임 중
독의 정의, 증상, 원인, 피해를 알아보고, 초등학생 게임 중독에서 초
등학교 학생들의 게임 중독 사례를 살펴본다. 게임 중독 검사에서는
게임 중독 검사를 실제로 해 보고, 해석 방법에 대해 익히며, 게임 중
독 정도에 대해 자기 인식하는 활동을 살펴본다. 게임 중독 예방 교
육 영역에서는 선행 연구에서 살펴본 기존의 학생 예방 교육 프로그
램의 내용을 기반으로 구성된 예방 교육 프로그램의 내용을 살펴보
고 실습해 본다. 치료 방안 영역에서는 게임 중독의 치료를 위한 다
양한 방법을 개관해 보고, 전문가와의 협력 방안을 모색해 보며, 부모
교육 영역에서는 부모 교육의 필요성 및 프로그램을 살펴보는 과정
이다.

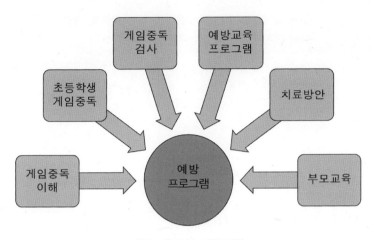

예방 교육 프로그램의 영역

앞에서 살펴본 학생용 예방 교육 프로그램은 한국정보문화진흥원의 게임 중독 예방 프로그램(2005), 한국청소년상담원의 게임은 내 친구(2008), 이수진의 초등학생의 온라인게임 중독 예방 교육 프로그램(2005), 신수경·이철현의 온라인게임 중독 예방 교육 프로그램(2004)이다. 그 결과 중·고등학생의 프로그램이 약 15회기의 시간으로 이루어진 것에 비해 위의 프로그램은 5~10회기로 그 시간이 비교적 짧았다. 그 내용으로는 먼저 자기소개 및 참여자 간 친밀감 형성, 게임 중독의 정도 파악, 게임 이외에 할 수 있는 대안 활동하기, 다짐의 시간 갖기, 미래 계획하기 등으로 구성되어 있음을 알 수 있다. 이를 바탕으로 재구성해 본 예방 교육 프로그램은 다음 <표 6-8>과 같다.

〈표 6-8〉 학생용 게임 중독 예방 프로그램의 구성 및 내용

회기	목표	내용
1	게임 중독 예방 프로그램 참여를 위한 동기 유발 및 구성원 간 친밀감 형성하기	-프로그램 오리엔테이션 -자기소개 -친밀감 형성 활동
2	게임 사용 습관을 인식하고, 자기 인식하기	-나의 게임 습관 확인 -게임 중독 검사 및 해석 -게임의 장·단점 알기 -자기 효능감 높이기
3	비온라인게임을 찾아봄으로써 일상생활 활동을 다양화하기	-오프라인 게임 탐색 -내가 좋아하는 일, 내가 잘할 수 있는 일 찾기
4	감정 조절, 시간 관리를 통해 규모 있는 생활하기	-자신의 감정을 표현하는 방법 배우기 / 스트레스 관리하기 활동 -시간 관리 활동
5	갈등 상황에서 효율적으로 대처하기	-게임의 유혹 견디기 -나와의 약속 정하기
6	부모님과 함께 문제 해결하기	-부모님과 생각 교류하기 -의사소통 방법 배우기

<표 6-8>은 기존의 프로그램을 재구성한 것으로 6회기 부모와 함께하는 활동을 제외한 나머지 회기의 내용은 4개의 프로그램의 공통된 부분을 추출한 것이다. 분석 결과 목표나 내용 면에서 대부분 비슷한 형태로 구성되어 있어서 교사 연수 과정에서는 기존의 프로그램 중에서 선별하거나 새롭게 보완·수정한 프로그램의 활용이 가능할 것이다.

온라인게임 중독 예방을 위한 교사 연수 프로그램의 세부 내용은 다음의 <표 6-9>와 같다.

<표 6-9> 게임 중독 예방 교사 연수 프로그램의 세부 내용

구분	게임 중독 예방 교사 연수				시간 구분		
	단계	제목	목적	세부 내용	3	6	15
예방	게임 중독의 이해	게임 중독 파헤치기	게임 중독의 이해를 통해 교사 스스로 이론적 바탕 마련하기	-게임 중독의 정의 -게임 중독의 증상 -게임 중독의 원인 -게임 중독의 피해	20	20	60
	게임 중독의 사례	늪에 빠진 우리 아이들	게임 중독의 사례를 통해 심각성을 인식하고 지도의 필요성 느끼기	-초등학교 게임 중독 사례	30	30	60
	게임 중독에 대한 인식	선생님, 제가 게임 중독인가요?	게임 중독 검사법 및 해석 방법을 알고, 지도 방법 알기	-게임 중독 검사 및 해석 방법 -자기 인식 활동	60	90	120
	게임 중독 예방 교육 활동	우리 아이들 보호하기	게임 중독 예방 교육법을 파악하고, 실천 의지 기르기	-친밀감 형성 -게임 습관 확인 / 자기 인식 -대안 활동 찾기 (비온라인게임 등) -감정 조절 / 시간 관리 -갈등 상황 대처하기 -부모님과 함께 문제 해결하기	60	120	360
	게임 중독 학생 치료 방안	우리 아이들 구출하기	게임 중독 학생의 치료 방법을 이해하고, 전문가 집단의 협력 방안 모색하기	-치료 사례 -치료 방안 -전문가 협력 방안	0	60	240
	부모 교육	부모님과 함께	부모 교육의 필요성을 알고 프로그램 살펴보기	-부모 교육의 필요성 -부모 교육 프로그램 안내	10	30	60

3시간의 게임 중독 예방 자율 연수 프로그램은 평일 방과 후 거점 학교에 모여 실시하거나 자체 학교에서 재량으로 실시할 수 있다. 6시간의 게임 중독 예방 자율 연수프로그램은 방과 후 2일에 걸쳐 실시하거나 토요 휴업일을 활용하여 전일 연수를 실시할 수 있다. 15시

간의 게임 중독 예방 자율 연수 프로그램은 일주일간 집중적으로 방과 후에 실시하거나 또는 토요 휴업일이 포함된 주의 주말을 활용하여 실시할 수 있다. 또 다른 방안으로 방학 중 2일을 선택하여 실시할 수 있다. 그리고 사이버 연수를 통하여 3시간에서 15시간의 연수를 실시할 수 있다.

4. 게임 중독 치료 프로그램 Ⅰ
- 잠재위험군을 위한 게임 중독 치료

사고력을 기르지 못하는 교육은
결국 정신을 타락시킨다.
- 아나톨 프랑스(프랑스 작가, 1844~1924)

　게임 중독 치료를 위한 교사 연수 프로그램은 두 가지 유형으로 구분된다. 게임 중독 대상자를 기준으로 잠재위험군과 고위험군으로 구분하여 치료프로그램 Ⅰ, Ⅱ로 나누었다.

　치료프로그램 Ⅰ은 잠재위험군 학생의 게임 중독의 개선 및 치료를 목적으로 시선 돌리기, 자아 존중감 향상, 리더십 함양, 상담 프로그램의 영역으로 이루어져 있다. 시선 돌리기는 치료 대상자의 관심과 흥미를 게임 이외의 다른 곳으로 돌릴 수 있도록 다양한 활동을 제시하고, 그중 일부를 교사가 직접 체험해 보는 것으로 다른 영역에 우선되어야 할 과정이다. 자아 존중감, 리더십 영역은 교사가 치료 대상자가 지닌 낮은 자아 개념, 교우 관계, 의사소통 등의 게임 중독의 원인을 해소하는 데 조력할 수 있도록 해당 프로그램을 안내하고 지도의 실제를 교육하는 과정이며, 상담은 모든 프로그램 운영 시 교사가 지녀야 할 상담 기법을 익히고, 상담의 실제를 실습을 통해 경험해 보는 과정이다.

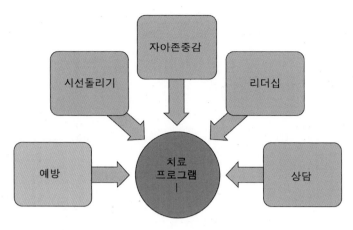

치료 프로그램 Ⅰ의 영역

〈표 6-10〉온라인게임 중독 치료 Ⅰ 교사 연수 프로그램의 세부 내용

구분	단계	제목	목적	세부 내용	시간 구분	
					30	60
예방	게임 중독의 이해	게임 중독 피혜치기	게임 중독의 이해를 통해 교사 스스로 이론적 바탕 마련하기	-게임 중독의 정의 -게임 중독의 증상 -게임 중독의 원인 -게임 중독의 피해	2	3
	게임 중독의 사례	늪에 빠진 우리 아이들	게임 중독의 사례를 통해 심각성을 인식하고 지도의 필요성 느끼기	-초등학교 게임 중독 사례	1	2
	게임 중독에 대한 인식	선생님, 제가 게임 중독인가요?	게임 중독 검사법 및 해석 방법을 알고, 지도 방법 알기	-게임 중독 검사 및 해석 방법 -자기 인식 활동	1	3
	게임 중독 예방 교육 활동	우리의 아이들 구출하기	게임 중독 예방 교육법을 파악하고, 실천 의지 기르기	-대안 활동 찾기 -시간 관리하기 -지속적인 실천하기	3	7
	부모 교육	부모님과 함께	부모 교육의 필요성을 알고 실천 의지 기르기	-가정과의 연계 필요성 -학부모 상담	3	6

	게임 중독 치료 교육 활동	다시 게임하고 싶어요.	게임 중독 치료를 위한 방법을 알고, 실천 의지 기르기	-게임 중독 치료 교육 활동의 개요	3	3
치 료 I	시선 돌리기	게임보다 재미있는 게 많단다.	시선 돌리기 프로 그램 이해하기 및 수업에 적용하기	-시선 돌리기의 개요 -시선 돌리기 프 로그램 안내 -수업의 실제	4	8
	자아 존중감 증진	자신을 갖자, 아이들아.	자아 존중감 프로그 램 이해 및 수업에 적용하기	-자아 존중감의 개요 -자아 존중감과 게임 중독 -자아 존중감 프로그램 안내 -수업의 실제	4	8
	리더십 과정	우리의 아이들, 리더로 키우기	리더십 프로그램 이 해 및 수업에 적용 하기	-리더십 과정의 개요 -리더십과 게임 중독 -리더십 프로그램 안내 -수업의 실제	4	8
	상담/멘토링	선생님이 도와줄게.	상담의 필요성을 알고, 프로그램 이 해 및 적용하기	-상담의 개요 -상담과 게임 중독 -상담 프로그램 안내, -상담의 실제	5	12

　　게임 중독 치료를 위한 교사 연수 프로그램은 학생의 문제 행동을
치료하기 위해 활용할 수 있는 다양한 전략을 포함하고 있다. 본 프
로그램에서의 시선 돌리기란 게임 중독에 빠진 초등학생들이 게임
이외의 다른 곳에 관심을 갖고 그것에 시간과 노력을 들이면서, 게임
중독에서 벗어나는 시작 단계를 의미한다. 시선 돌리기의 활동으로는
선행 연구를 통해 게임 중독의 원인이 되는 낮은 자기 효능감, 사회
적 부적응, 우울 및 공격성 등의 개인 심리적 특성을 긍정적인 방향

으로 바꾸는 데 효과적인 활동들로 구성하였다. 또한 시선 돌리기 영역 교사 연수용 프로그램은 먼저 시선 돌리기 프로그램을 이해하고, 시선 돌리기 프로그램의 유형 및 활동을 인지하며, 참가자가 직접 직소나 프로젝트 학습법을 활용하여 프로그램을 설계·개발하여 발표하고, 시선 돌리기 프로그램을 직접 경험하고 공유하는 활동으로 이루어져 있다.

〈표 6-11〉 시선 돌리기 영역 교사 연수용 프로그램

회기	주제	내용
1	시선 돌리기 프로그램의 이해	−시선 돌리기 프로그램의 정의 −시선 돌리기 프로그램의 연구 사례 및 효과
2	시선 돌리기 프로그램의 소개	−시선 돌리기 프로그램의 유형 분류 −시선 돌리기 프로그램의 안내
3	시선 돌리기 프로그램 만들기	−시선 돌리기 프로그램 설계 −시선 돌리기 프로그램 개발
4	시선 돌리기 프로그램 경험하기	−시선 돌리기 프로그램 경험하기 −경험 소감 공유하기

시선 돌리기 프로그램은 치료 과정에 속한 것으로 게임 중독의 원인을 해결하여 치료 대상자가 게임 중독에서 벗어날 수 있게 도와주어야 한다. 그러기 위해서는 치료 대상자의 자신감, 자기 효능감을 높이고, 사회적 부적응 및 공격성 등의 감정을 느끼지 않도록 하는 데 효과적인 활동이 시선 돌리기에 포함되어야 하겠고, 무엇보다 아이들에게 흥미를 주어야 할 것이다.

구체적인 시선 돌리기 활동으로는 다음과 같이 신체 활동, 놀이(게임) 활동, 산출 활동, 음악 활동, 체험 활동, 사고력 활동, 영성 활동, 조작 활동의 8가지 유형으로 나눌 수 있으며, 세부적인 활동은 다음과 같다.

유형	활동
신체 활동	축구, 댄스, 스트레칭, 각종 스포츠 활동, 감상, 태권도
놀이 활동	민속놀이, 비온라인게임, 보드게임
산출 활동	공작, 종이접기, 요리, 로봇제작, 디지털 자료 제작
음악 활동	음악 감상, 합주, 합창, 작곡
체험 활동	생태 체험, 현장 학습, 역할 놀이, 직업 체험, 극기 훈련
사고력 활동	창의성 계발, 논리적 사고, 비판적 사고, 수학적 사고력, 영재 교육 프로그램, 게임 프로그래밍
영성 활동	명상, 요가, 종교 체험, 사찰 경험
조작 활동	기계 조작, 부품 조립, 차운전, 블록 쌓기

게임 중독 힐링 가이드

시선 돌리기 프로그램은 단기형 프로젝트와 장기형 프로젝트로 적용할 수 있다. 대부분의 활동이 단 1회의 경험만으로도 시선을 돌릴 수가 있지만 장기적인 전략을 가지고 꾸준히 적용했을 때 치료의 과정으로 연계하여 활용할 수 있다.

자신에 대해 스스로 어떻게 느끼고 있는가는 성장과 발달에 매우 중요하다. 자신을 유능하고 가치 있는 사람이라고 평가하는 사람이 타인도 존중할 수 있다. 자아 개념의 향상, 자아 존중감 증진을 위한 프로그램은 게임 중독의 문제를 가진 아동을 지도하는 전략을 제공할 수 있을 것이다. 자아 존중감 영역 교사 연수 프로그램은 아래의 <표 6-13>과 같다.

〈표 6-13〉 자아 존중감 영역 교사 연수 프로그램

회기	주제	내용	자료
1	-자아 존중감의 개요 -자아 존중감과 게임 중독	-자아 존중감의 의미 및 의의 -자아 존중감이 게임 중독에 미치는 영향	교재
2~3	-자아 존중감 프로그램 안내	-자아 존중감 프로그램의 구성 및 내용을 살펴보고, 지도 기술과 유의 사항 알아보기	학생용 자아 존중감 프로그램
4	-수업의 실제	-자아 존중감 프로그램을 적용한 수업 감상 및 평가	수업 동영상

리더십은 초등학생의 자아 존중감 증진과 의사 결정, 대인 관계, 주도성, 책임감, 자기 이해 등 게임 중독의 원인으로 지적되는 요인들과 관계가 있으며, 이미 수차례의 연구들이 그 효과를 입증하였다. 이를 바탕으로 한 리더십 영역의 교사 연수용 프로그램은 아래의 <표 6-14>와 같다.

〈표 6-14〉 리더십 영역 교사 연수용 프로그램

회기	주제	내용	자료
1	－리더십의 개요 －리더십과 게임 중독	－리더십의 의미 및 의의 －리더십이 게임 중독에 미치는 영향	교재
2~3	－리더십 프로그램 안내	－리더십 프로그램의 구성 및 내용을 살펴보고, 지도 기술과 유의 사항 알아보기	학생용 리더십 프로그램
4	－수업의 실제	－리더십 프로그램을 적용한 수업 감상 및 평가	수업 동영상

상담 프로그램에는 전문가 상담, 학교 상담, 가족 상담, 또래 상담, 사이버 상담 등 다양한 종류가 있다. 구체적인 상담 원칙과 상담 기술적인 측면이 고려된 교육 프로그램은 현장의 사례와 연구를 통해 게임 중독 치료에 많은 도움을 주고 있음을 볼 수 있다. 상담 영역 교사 연수용 프로그램은 아래의 <표 6-15>와 같다.

〈표 6-15〉 상담 영역 교사 연수 프로그램

회기	주제	내용	자료
1	－상담의 개요 －상담과 게임 중독	－상담의 의의 / 상담의 원칙 / 상담의 기법 －청소년상담원 등 관련 기관의 게임 중독 관련 상담 사례	교재
2~3	－상담 프로그램 안내	－중독 상담 프로그램의 구성 및 내용을 살펴보고, 상담 기술과 유의 사항 알아보기	상담 프로그램
4	－상담의 실제	－상담 기법을 적용한 실제 상담 실습 －온라인 상담 실습	

이상과 같이 살펴본 게임 중독 치료 Ⅰ 프로그램은 30시간 또는 60시간의 직무 연수로 실시할 수 있다. 30시간(60시간)의 게임 중독 치료 직무 연수 프로그램은 방학 중 관련 기관이나 거점 학교에 모여 실시할 수 있다. 30시간의 게임 중독 치료 연수 프로그램은 방학 중

4일(토, 일 제외)에 걸쳐 실시하고, 60시간의 게임 중독 치료 연수 프로그램은 방학 중 8일(토, 일 제외) 전일 연수를 실시할 수 있다. 또 다른 방법으로는 사이버 연수를 통하여 30시간(60시간)의 연수를 실시할 수 있다. 다음 <표 6-16>은 60시간의 게임 중독 치료 I 프로그램의 세부 일정을 보여 준다.

〈표 6-16〉 온라인게임 중독 치료 I 교사 연수 세부 일정(안)

날짜	시간	주제	내용	강사
1일차	9:00~9:30	등록	접수	
	9:30~10:00	개회식	오리엔테이션	
	10:00~12:00	강의	게임 중독의 이해	관련 기관 전문가
	12:00~13:00		중식	
	13:00~15:00	강의	게임 중독의 사례	관련 기관 전문가
	15:00~16:00	분임토의	게임 중독 예방을 위한 교사의 역할	참가자
2일차	09:00~12:00	강의	게임 중독 예방 교육 활동	전문가
	12:00~13:00		중식	
	13:00~15:00	강의	수업의 실제	교사
	15:00~16:00	실습	초등학생들이 좋아하는 게임 체험하기	참가자
3일차	09:00~12:00	강의	부모 상담의 필요성 및 전략	심리 상담 센터 전문가
	12:00~13:00		중식	
	13:00~15:00	실습	부모 상담의 실제	교사, 참가자
	15:00~16:00	분임토의	시선 돌리기 방법들	참가자
4일차	09:00~12:00	강의	게임 중독 개선 교육 활동의 개요	관련 기관 전문가
	12:00~13:00		중식	
	13:00~15:00	강의실습	시선 돌리기 프로그램 안내	관련 기관 전문가, 참가자
	15:00~17:00	강의	시선 돌리기 프로그램 수업의 실제	교사
5일차	09:00~12:00	강의	자아 존중감과 게임 중독	관련 기관 전문가
	12:00~13:00		중식	
	13:00~15:00	강의실습	자아 존중감 프로그램 안내	관련 기관 전문가, 참가자
	15:00~17:00	강의	자아 존중감 프로그램 수업의 실제	교사

	09:00~12:00	강의	리더십과 게임 중독	관련 기관 전문가
6일차	12:00~13:00	중식		
	13:00~15:00	강의실습	리더십 프로그램 안내	관련 기관 전문가, 참가자
	15:00~17:00	강의	리더십 프로그램 수업의 실제	교사
7일차	09:00~12:00	강의	상담과 게임 중독	심리 상담 센터 전문가
	12:00~13:00	중식		
	13:00~16:00	강의	상담 프로그램 안내	심리 상담 센터 전문가
	16:00~17:00	분임토의	게임 중독 개선 방법	참가자
8일차	09:00~12:00	강의	상담의 실제	심리 상담 센터 전문가
	12:00~13:00	중식		
	13:00~14:00	실습	사이버 상담하기	참가자
	14:00~16:00	강의	게임 중독 치료의 개요와 연수 프로그램 안내	전문가
	16:00~16:30	폐회식	수료식	

　치료 Ⅰ 프로그램은 앞선 예방 프로그램보다 시간 수가 많아 자칫 지루해질 수 있는데 이는 연수 기간 동안 연수에 참가한 교사 스스로가 치료 대상자가 되어 프로그램 중 가능한 영역에서 실습할 수 있는 기회를 많이 갖고, 문제점에 대해 참가자들이 분임 토의를 하는 등 강의로 일관된 연수가 아닌 좀 더 활동적이고 참여가 높은 연수 과정이 되도록 하였다.

5. 게임 중독 치료 프로그램 ||
- 고위험군을 위한 게임 중독 치료

교육은 사람을 바로 세울 수 있는 유일한 묘약이다.
-빌헬름 부슈(독일 시인, 1832~1908)

치료 프로그램 II는 고위험군 학생의 게임 중독의 치료를 목적으로 심리 치료, 미술 치료, 역할 놀이 치료, 심성 개발, 기타 전략 프로그램의 영역으로 이루어져 있다. 심리 치료는 게임 중독 치료 대상자가 지닌 심리를 다양한 접근법을 통해 알아보고, 놀이 요법, 음악 요법, 묘화 요법 등 다양한 치료 기법을 배우며, 수업의 실제를 살펴보는 과정이다. 미술 치료는 미술 치료 프로그램을 안내하고 실습하며, 미술 치료를 통한 게임 중독 치료 방안을 함께 모색해 보는 과정이다. 역할 놀이 치료는 역할 놀이 치료 방법을 익히고, 실제 역할 놀이를 통해 아동의 입장을 경험하고, 지도 방법을 배우는 과정이다. 심성 개발은 치료 대상자가 마음을 정화하고 안정적인 생활을 지속할 수 있도록 조력하는 활동을 체험하는 과정이며, 마지막으로 기타 전략은 최면, **NLP**, 사이버 상담 등의 기타 전략에 대해 안내하는 과정이다.

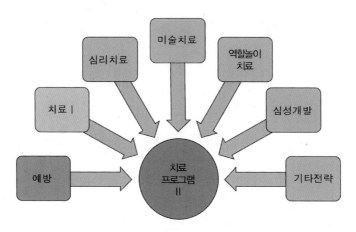

치료 프로그램 Ⅱ의 영역

치료 프로그램 Ⅱ의 영역 온라인게임 중독 개선을 위한 교사 연수 프로그램의 세부 내용은 다음의 <표 6-17>과 같다.

〈표 6-17〉 온라인게임 중독 치료 교사 연수 프로그램의 세부 내용

구분	제목	목적	주제	세부 내용
예방	게임 중독 파헤치기	게임 중독의 이해를 통해 교사 스스로 이론적 바탕 마련하기	게임 중독의 이해	- 게임 중독의 정의, 증상 - 게임 중독의 원인, 피해
	늪에 빠진 우리 아이들	게임 중독의 사례를 통해 심각성을 인식하고 지도의 필요성 느끼기	게임 중독의 사례	- 초등학교 게임 중독 사례
	선생님, 제가 게임 중독인가요?	게임 중독 검사법 및 해석 방법을 알고, 지도 방법 알기	게임 중독에 대한 인식	- 게임 중독 검사 및 해석 - 자기 인식 활동
	우리의 아이들 구출하기	게임 중독 예방 교육법을 파악하고, 실천 의지 기르기	게임 중독 예방 교육 활동	- 대안 활동 찾기 - 시간 관리하기 - 지속적인 실천하기
	부모님과 함께	부모 교육의 필요성을 알고 실천 의지 기르기	부모 교육	- 가정과의 연계 필요성 - 학부모 상담

치료 I	다시 게임하고 싶어요.	게임 중독 개선을 위한 방법을 알고, 실천 의지 기르기	게임 중독 개선 교육 활동	− 게임 중독 개선 교육의 개요
	게임보다 재미있는 게 많단다.	시선 돌리기 프로그램 이해하기 및 수업에 적용하기	시선 돌리기	− 시선 돌리기의 개요 − 시선 돌리기 프로그램 안내 − 수업의 실제
	너는 최고의 작품이란다.	자아 존중감 프로그램 이해 및 적용하기	자아 존중감 증진	− 자아 존중감의 개요 − 자아 존중감과 게임 중독 − 자아 존중감 프로그램 안내 − 수업의 실제
	우리의 아이들, 리더로 키우기	리더십 프로그램 이해 및 적용하기	리더십 과정	− 리더십 과정의 개요 − 리더십과 게임 중독 − 리더십 프로그램 안내 − 수업의 실제
치료 II	선생님이 도와줄게.	상담의 필요성을 알고, 프로그램 이해 및 적용하기	상담	− 상담의 개요 − 상담 프로그램 안내 − 상담의 실제
	네 안의 너를 보여 줄래?	심리 치료 프로그램 이해 및 적용하기	심리 치료	− 심리 치료의 개요 − 심리 치료 프로그램 안내 − 심리 치료의 실제
	그리면서 표현해 보렴.	미술 치료 프로그램 이해 및 적용하기	미술 치료	− 미술 치료의 개요 − 미술 치료 프로그램 안내 − 미술 치료의 실제
	역할 놀이를 통해 잠재된 너를 보여 줘.	역할 놀이 치료 프로그램 이해 및 적용하기	역할 놀이 치료	− 역할 놀이 치료의 개요 − 역할 놀이 치료 안내 − 역할 놀이 치료의 실제
	너의 예쁜 마음을 알고 있어.	심성 개발 프로그램 이해 및 적용하기	심성 개발	− 심성 개발의 개요 − 심성 개발 프로그램 안내 − 심성 개발의 실제
	이런 활동도 있어요.	기타 전략 이해하기	기타 전략	− 최면, NLP − 사이버 상담

미술 치료란 그림, 조소, 디자인, 공예 등 미술의 전 영역을 상담 활동에 도입하여 사용하는 방법으로 교육, 재활, 정신 치료 등 다양한 분야에서 널리 사용되고 있다. 또한 집단 미술 치료는 최근에 와서 많이 주목받고 있는 방법으로 작품을 통해서 다른 사람들이 솔직하고 허심탄회하게 자기 감정을 털어 놓는 것을 듣고 다른 사람들의 작

품을 보면서 자신의 이해와 통찰력이 증대될 수 있다. 학교에서의 미술 치료는 일반 치료보다는 집단 치료에 가깝다고 할 수 있겠다. 구체적인 미술 치료 영역 교사 연수 프로그램은 다음과 같다.

〈표 6-18〉 미술 치료 영역 교사 연수 프로그램

회기	주제	내용	자료
1	-미술 치료의 개요 -미술 치료와 게임 중독	-미술 치료의 의미 및 의의 -미술 치료가 게임 중독에 미치는 효과	교재
2~3	-미술 치료 프로그램 안내	-미술 치료 프로그램의 구성 및 내용을 살펴보고, 지도 기술과 유의 사항 알아보기	미술 치료 프로그램
4	-수업의 실제	-미술 치료 프로그램을 적용한 수업 감상 및 평가	수업 동영상

역할 놀이 치료의 목적은 게임 중독에 걸린 치료 대상자들이 게임을 할 수 있는 상황에서 다른 활동을 찾아 몰입하는 상황을 연출하거나, 게임 중독에 빠져 있는 자녀를 바라보는 부모의 입장을 연기하는 등의 활동을 통해 게임 중독에 빠진 나를 제대로 인식하고 문제를 찾아 개선 의지를 지니는 것이 1차적 목적이라면, 역할 놀이를 통해 감정을 정화시키고, 적극성과 자발성을 획득하며, 공격성을 감소시키고, 부모와 긍정적인 관계를 맺는 등의 긍정적 효과를 통해 게임 중독에서 완전히 벗어나는 것을 2차적 목적으로 하고 있다.

역할 놀이는 미술 치료, 집단 놀이 치료 등과 같은 집단 프로그램으로 아동의 사회성 증진에 효과가 있다. 이러한 프로그램이 갖는 장점은 아동 자신에 대한 객관적 태도를 습득하게 하며, 또래와 함께 상호 작용을 하면서 스스로 기술을 습득하게 해 준다는 것이다. 특히 역할 놀이는 가상 상황에서 가정된 역할을 수행해 보는 놀이로, 타인의 역할이나 행동을 대신 해 보면서 타인에 대한 생각이나 느낌을 경험할 수 있다는 점에 있어 사회성 증진에 매우 효과적인 접근법이라 할 수 있다.

〈표 6-19〉 역할 놀이 치료 영역 교사 연수 프로그램

회기	주제	내용	자료
1	- 역할 놀이 치료의 개요 - 역할 놀이 치료와 게임 중독	- 역할 놀이 치료의 의미 및 의의 - 역할 놀이 치료가 게임 중독에 미치는 효과	교재
2~3	- 역할 놀이 치료 프로그램 안내	- 역할 놀이 치료 프로그램의 구성 및 내용을 살펴보고, 지도 기술과 유의 사항 알아보기 - 역할 놀이를 통해 치료 대상자 되어 보기	역할 놀이 치료 프로그램
4	- 수업의 실제	- 역할 놀이 치료 프로그램을 적용한 수업 감상 및 평가	수업 동영상

심성 개발 프로그램은 참된 자아를 발견하고 긍정적 자아 인식을 통해 새로운 자신을 발전시켜 가는 집단 프로그램이다. 긍정적인 심성 계발 프로그램을 통하여 게임 중독에 대한 자아 인식과 더불어 미래 자신의 삶의 방향을 조명하도록 도와줄 수 있다.

〈표 6-20〉 심성 개발 영역 교사 연수 프로그램

회기	주제	내용	자료
1	- 심성 개발의 개요 - 심성 개발과 게임 중독	- 심성 개발 이해 - 심성 개발이 게임 중독에 미치는 영향	교재
2~3	- 심성 개발 프로그램 안내 - 심성 개발 프로그램 경험하기	- 심성 개발 프로그램의 구성 및 내용을 살펴보고, 지도 기술과 유의 사항 알아보기 - 마음 가꾸기 / 지혜로운 삶 - 명상과 호흡 / 다도(茶道)	심성 개발 프로그램
4	- 수업의 실제	- 심성 개발 프로그램을 적용한 수업 감상 및 평가	수업 동영상

이상과 같이 게임 중독 치료 프로그램을 바탕으로 온라인게임 중독 치료 II 교사 연수 프로그램(120시간)의 세부 일정은 다음과 같다.

〈표 6-21〉 온라인게임 중독 치료 교사 연수 세부 일정

날짜	시간	유형	내용	강사
1 일 차	9:00~9:30	등록	접수	
	9:30~10:00	개회식	오리엔테이션	
	10:00~12:00	강의	게임 중독의 이해	관련 기관 전문가
	12:00~13:00		중식	
	13:00~15:00	강의	게임 중독의 사례	관련 기관 전문가
	15:00~16:00	분임토의	게임 중독 예방을 위한 교사의 역할	참가자
2 일 차	09:00~12:00	강의	게임 중독 예방 교육 활동	전문가
	12:00~13:00		중식	
	13:00~15:00	강의	수업의 실제	교사
	15:00~16:00	실습	초등학생들이 좋아하는 게임 체험하기	참가자
3 일 차	09:00~12:00	강의	부모 상담의 필요성 및 전략	심리 상담 센터 전문가
	12:00~13:00		중식	
	13:00~15:00	실습	부모 상담의 실제	교사 참가자
	15:00~16:00	분임토의	시선 돌리기 방법들	참가자
4 일 차	09:00~12:00	강의	게임 중독 개선 교육 활동의 개요	관련 기관 전문가
	12:00~13:00		중식	
	13:00~15:00	강의	시선 돌리기 프로그램의 이해	관련 기관 전문가
	15:00~17:00	강의	시선 돌리기 프로그램 수업의 실제	교사
5 일 차	09:00~12:00	강의	자아 존중감과 게임 중독	관련 기관 전문가
	12:00~13:00		중식	
	13:00~15:00	강의	자아 존중감 프로그램의 이해	관련 기관 전문가
	15:00~17:00	강의	자아 존중감 프로그램 수업의 실제	교사
6 일 차	09:00~12:00	강의	리더십과 게임 중독	관련 기관 전문가
	12:00~13:00		중식	
	13:00~15:00	강의	리더십 프로그램의 이해	관련 기관 전문가
	15:00~17:00	강의	리더십 프로그램 수업의 실제	교사

7 일 차	09:00~12:00	강의	상담과 게임 중독	심리 상담 센터 전문가
	12:00~13:00		중식	
	13:00~16:00	강의	상담 프로그램의 이해	심리 상담 센터 전문가
	16:00~17:00	분임토의	게임 중독 개선 방법	참가자
8 일 차	09:00~12:00	강의	상담의 실제	심리 상담 센터 전문가
	12:00~13:00		중식	
	13:00~15:00	실습	온라인 상담하기	참가자
	15:00~17:00	강의	게임 중독 치료의 개요와 연수 프로그램 안내	전문가
9 일 차	09:00~12:00	강의	심리 치료와 게임 중독	심리 상담 센터 전문가
	12:00~13:00		중식	
	13:00~16:00	강의	심리 치료 프로그램의 이해	심리 상담 센터 전문가
	16:00~18:00	강의 및 실습	심리 치료의 실제	심리 상담 센터 전문가
10 일 차	09:00~12:00	강의	미술 치료와 게임 중독	미술 치료 전문가
	12:00~13:00		중식	
	13:00~16:00	강의	미술 치료 프로그램의 이해	미술 치료 전문가
	16:00~18:00	강의 및 실습	미술 치료의 실제	미술 치료 전문가
11 일 차	09:00~12:00	강의	역할 놀이 치료와 게임 중독	역할 놀이 치료 전문가
	12:00~13:00		중식	
	13:00~16:00	강의	역할 놀이 치료 프로그램의 이해	역할 놀이 치료 전문가
	16:00~18:00	강의 및 실습	역할 놀이 치료의 실제	역할 놀이 치료 전문가
12 일 차	09:00~12:00	강의	심성 개발과 게임 중독	심성 교육 전문가
	12:00~13:00		중식	
	13:00~16:00	강의	심성 개발 프로그램의 이해	심성 교육 전문가
	16:00~18:00	강의 및 실습	심성 개발의 실제	심성 교육 전문가
13 일 차	09:00~12:00	실습	게임 중독 치료 프로그램 적용 I	교사 참가자
	12:00~13:00		중식	
	13:00~16:00	실습	게임 중독 치료 프로그램 적용 II	교사 참가자
	16:00~18:00	강의	게임 중독 치료 프로그램(최면, NLP)의 이해	전문가

	09:00~12:00	강의	게임 중독 치료(최면, NLP)의 실제	전문가
14 일 차	12:00~13:00		중식	
	13:00~16:00	실습	온라인게임 중독 아동 치료 프로그램 설계	전문가, 참가자
	16:00~17:00	강의	전문가 협력 체제	전문가
	17:00~16:30	폐회식	수료식	

참고문헌

강만철 · 오익수(2001), 「청소년 인터넷 중독 진단 척도 개발」, 한국교육심리학회, 『교육심리연구』, 15권 4호, 2001, pp.41~44.

고정화(2009), 「초등학생의 게임 중독 예방을 위한 부모연계 집단상담 프로그램 개발」, 한국교원대학교 교육대학원 석사학위논문.

곽병찬(2004), 「게임 중독 학생의 행동수정을 위한 행동 계약 모형 개발」, 한국교원대 대학원 석사학위논문.

권재원(2004), 「청소년의 게임 중독 치료에서 게임유형 대체 요법의 효과에 대한 질적 사례 연구」, 한국청소년학회, 『청소년학연구』, 11(3), 93~114.

김도우(2008), 「온라인게임 중독의 유형 분석; 온라인게임의 사회유대 및 긴장을 중심으로」, 『한국범죄심리연구학회지』, 제4권 제2호, 2008, pp.3~24.

김민규 외 6인(2008), 「청소년 게임 과몰입 집단상담 프로그램 지침서(초등학생용)」, 한국게임산업진흥회.

김병구 외 6명(2006), 「인터넷 중독 가족상담 프로그램 개발 연구」, 한국정보화진흥원.

김병구 외 6명(2006), 「인터넷 중독 미술치료 프로그램 개발 연구」, 한국정보화진흥원(www.iapc.or.kr).

김병구 외 6명(2007). 「초등학교 저학년 인터넷 중독 예방 교육 프로그램 개발」, 한국정보문화진흥원.

김병구 외 6명(2008), 「초등학교 게임 중독 예방 프로그램」, 한국정보문화진흥원(www.iapc.or.kr).

김승옥 · 이경옥(2007), 「아동의 인터넷 게임 중독 및 과몰입의 개념적 이해」, 『어린이미디어연구』, 제6권 2호, pp.63~83.

김연화 · 정영숙(2005), 「부모 자녀 간의 의사소통 및 또래관계와 아동의 인터넷 중독경향」, 『대한가정학회지』, 43(10), pp.103~114.

김유정(2002), 「청소년 인터넷 게임 중독 척도 개발 및 심리사회적 취약성 요인」, 석사학위논문, 아주대학교.

김윤숙(2004), 「자기통제 훈련이 초등학생의 인터넷 게임 중독에 미치는 효과」, 대구교육대학교 교육대학원 석사학위논문.

김주환·김민규·김은주·신의진(2008), 「온라인게임 중독 검사 개발과 타당화 분석」, 『한국청소년연구』, 19권 1호, pp.385~415.

문득룡(1999), 「초등교원의 자율연수에 관한 연구」, 경기대학교 교육대학원 석사 학위논문.

박수정·김현정(2003), 「에듀테인먼트 콘텐츠 개발을 위한 게임 요인 적용에 관한 연구」, 한국디자인학회, 『디자인학연구』, 통권 제52호(Vol.16 No.2), 5, pp.271~280.

박재성(2004), 「청소년의 인터넷 중독현상과 자기통제기대의 구조적 경로모형에 관한 연구」, 『보건교육 건강증진학회지』, 21(3), pp.1~17.

박효수·고영삼·김정미(2008), 「2008년 인터넷 중독 실태조사 08-03」, 한국정보 문화진흥원.

백성현(2009), 「게임 프로그래밍 교육을 통한 초등학생의 게임 중독 개선」, 경인 교육대학교 석사학위논문.

백성현·김수환·한선관(2009), 「온라인게임 개발 프로젝트 학습을 통한 초등학 생들의 게임 중독 개선 연구」, 『한국정보교육학회 논문지』, 제13권 제4 호, pp.471~478.

백승익·송영석(2004), 「온라인게임의 속성이 온라인 게이머들의 선호도에 미치 는 영향에 대한 탐색적인 연구」, 한국경영과학회, 『한국경영과학회지』, 제29권 제1호, pp.71~85.

백영균(2006), 「게임기반학습(Game Based Learning) 활성화의 전제조건에 대한 고찰」, 한국정보과학회, 『정보과학회지』, 제24권 제2호, 2006. 2., pp.45~50.

서정보(2010), 「EPL을 활용한 초등학생 게임 중독 치료 프로그램 개발」, 경인교 육대학교 대학원 석사학위논문.

송수민·박승민(2008), 「인터넷 중독 유형별 개입 프로그램 개발 연구 보고서」, 한국청소년상담원.

신수경·이철현(2007), 「온라인게임 중독 예방 교육 프로그램이 초등학생의 온라 인게임 중독 성향에 미치는 효과」, 『한국실과교육학회지』, 제20권 제3호, pp.209~230.

안성혜·송수미(2008), 「디지털 에듀테인먼트 콘텐츠의 유형과 사례분석」, 한국 콘텐츠학회, 『한국콘텐츠학회지』, 제6권 제3호, pp.72~86.

양미경·오원옥(2007), 「인터넷게임 중독 예방 프로그램이 초등학생의 자기통제
　　　성과 인터넷 게임 사용시간에 미치는 효과」, 『아동간호학회지』, 제13권
　　　제3호, pp.282~290.

오경자(2006), 「게임 과몰입 시범클리닉 운영모델 개발; 초등자녀-부모 게임 중
　　　독 치료 프로그램 개발 및 타당성 연구」, 한국게임산업개발원 보고서.

오원이·이수진·박중규·홍세희(2005), 「청소년의 인터넷 중독 장기추적조사
　　　연구 -2차년도-」, 한국정보문화진흥원 연구보고서 05-22.

이경님(2003), 「아동이 지각한 어머니와의 의사소통과 자기통제가 게임 중독에
　　　미치는 영향」, 『대한가정학회지』, 41(1), pp.77~91.

이성진(1998), 『행동수정』, 서울: 교육과학사.

이수진·박중규(2004), 「청소년 온라인게임 중독 실태와 중독 예방 교육 프로그
　　　램 연구」, 한국청소년개발원 연구보고서 04-R20, pp.1~297.

이순묵·반재천·이형초·최윤경·이순영(2007), 「인터넷 중독 진단방식의 전환
　　　-규준참조평가에서 영역참조평가로」, 『한국심리학회지: 임상』, 제26권
　　　1호, pp.213~238.

이진화(2005), 「인지-행동 집단미술치료가 컴퓨터 게임 중독 아동의 자기통제력
　　　에 미치는 영향」, 영남대 환경보건대학원 석사학위논문.

이철현(2007), 「아동의 온라인게임 중독 성향 측정을 위한 한국형 검사 척도 개
　　　발」, 『컴퓨터교육학회 논문지』, 제10권 제6호, pp.29~38.

이하나(2010), 「게임 중독 예방 및 치료 교육을 위한 교사 연수 프로그램 개발」,
　　　경인교육대학교 대학원 석사학위논문.

이하나·한선관(2010), 「게임 중독 치료 교사 연수 프로그램의 개발」, 『한국정보
　　　교육학회 논문지』 제14권 3호, pp.311~318.

이형초·안창일(2002), 「인터넷게임 중독의 진단척도 개발」, 한국심리학회, 『한
　　　국심리학회지: 건강』, 7(2), pp.211~239.

장재홍·신효정(2004), 「청소년 인터넷 중독 예방 프로그램의 효과」, 『한국심리
　　　학회지: 상담』, vol.15, no.4, pp.651~672.

장재홍 외 2명(2008), 『게임 과몰입 청소년 집단상담 프로그램 워크북-개정판』,
　　　한국게임산업진흥원.

정아란·엄기영(2006), 「유아의 컴퓨터게임 과몰입 예방 교육 프로그램 모형개발
　　　연구」, 『한국보육학회지』, 제6권 2호, pp.211~237.

조은애(2011), 「디지털 스토리텔링을 활용한 게임 중독 치료프로그램 연구」, 경
　　　인교육대학교 교육대학원 석사논문.

한국게임산업개발원(2005), 「게임 중독 치료 클리닉 운영 및 게임 중독 지수 개

발 기초 연구」.

한국게임산업개발원(2007), 『교사, 학부모에게 들려주는 청소년 게임문화 이야기』.

한선관·김수환·서정보(2010), 「스크래치 프로그래밍을 활용한 게임 중독 치료 프로그램의 개발」, 『한국정보교육학회지』, 제14권 1호, pp.61~68.

한선관·이철현·최선영(2009), 「초등학생 정보문화캠프 운영 방안 연구」, 경인 교육대학교 교내정책연구 결과보고서.

한선관·조은애(2011), 「디지털 스토리텔링을 적용한 게임 중독 치료 교육 프로 그램의 개발」, 『한국정보교육학회지』, 제15권 1호.

Block, J. J.(2008), Issues for DSM-V: Internet addiction, AmJ Psychiat, 165(3), p.306.

Caillois, Roger(1957), Les jeux et les hommes. Gallimard.

Clark C. Abt(1970), Serious Games, Viking Press, p.6.

Costikyan, Greg(1994), I Have No Words & I Must Design, http://www.costik.com /nowords.html, retrieved 2009-11-17.

Goldberg, I. (1996), Internet Addiction. Electronic message posted to Research Discussion List. research@cmhcsys.com Fri, 5 Jul 1996 14:50:12 email; Psydoc@PsyCom.Net World Wide Web, http://www.cmhc.com/mlists/resea rch/ and http://www1.rider.edu/-suler/psycyber/supportgp.html

Griffiths(1996), "Psychology of computer use; some comments on 'addicted use of internet' by Young", Psychological Reports.

Kazdin, A. E.(1994), Behavior Modification in Applied Settings(6th Ed). Pacific Grove, California: Brooks/Cole.

King, S. A.(1995), Effects of Mood States on Social Judgments in Cyberspace: Self Focused Sad People as the Source of Flame Wars. World Wide Web, http://www.grohol.com/storm1.htm.

Maroney, Kevin(2001), My Entire Waking Life, The Games Journal, http://www.th egamesjournal.com/articles/MyEntireWakingLife.shtml, retrieved 2009-11-17.

Prensky, Marc(2001), Digital Game-Based Learning. New York: McGraw-Hill.

Prensky, Marc(2004), Proposal for educational software development sites: an open source tool to create the learning software we need, On the horizon, Vol. 12, No.1.

Rauschenberger, S. H. & Lynn, S. J.(1995), Fantasy Proneness, DSM-III-R Axis I Psychopathology, and Dissociation. Journal of Abnormal Psychology, 104, 2, pp.373~380.

Salen, Katie & Zimmerman, Eric (2003), Rules of Play: Game Design Fundamentals, MIT Press, p.80.

Stuart, R. B.(1971), Behavioral Contracting with families of delinquents, Journal of Behavior Therapy and Experimental psychiatry, 2, pp.1~11.

Suler, J.(1996), The Psychology of Cyberspace. World Wide Web, http://www1.rid er.edu/-suler/psycyber/psycyber.html.

Suler, J.(May. 1996), Why is This Thing Eating My Life? Computer and Cyberspace Addiction at the "Palace" World Wide Web, http://www1.rider edu/-suler/psycyber/eatlife.html.

Walther & Reid(2000), "Understanding the allure of the internet", The Chronicle of Higher Education, 46.

Wellman, B.(1996), An Electronic Group is Virtually a Social Network. To appear in Sara Kiesler, ed., Research Milestones on the Information Highway. Hillsdale, NJ: Lawrence Erlbaum.

Young, K(1996), "Internet addiction: The emergence of a new clinical disorder", 104th Annual conversation of the American Psychological Association, Toronto, Canada.

Young, K(1999), "Intetnet Addiction: Symptoms, Evaluation, and Treatment", http://netaddiction.com/articles/symptoms.html.

참고 사이트

· 국립공주병원, 게임 중독 치료 교육,
    http://www.knmh.go.kr/ncmh/special/chap4.htm
· 동아일보, http://www.donga.com/fbin/output?n=200712070102
· 전자신문, http://www.etnews.co.kr/news/detail.html?id=200910150210
· 정보통신윤리위원회(2007), 인터넷 시대 현명한 부모 건강한 아이들,
    http://www.kocsc.or.kr/
· 티처빌, http://www.teacherville.co.kr
· 한국컴퓨터생활연구소, http://www.computerlife.org
· 한선관, H-게임 중독 검사, http://www.in.re.kr
· Cognitive-Behavioral Therapy(CBT), An Introduction to Cognitive Therapy & Cognitive Behavioral Approaches,

http://counsellingresource.com/types/cognitive-therapy
· Ivan K. Goldberg's Hompage, http://www.psycom.net/iadcriteria.html
· King's Internet Addication Hompage, http://webpages.charter.net/stormking/iad.html
· RPG 메이커, http://www.acoc.co.kr
· Young's Hompage, http://www.netaddiction.com/
· Young's Internet Addiction Test Hompage, http://www.netaddiction.com

한선관 ─────────────────────────────

　경인교육대학교 컴퓨터교육과 교수, 미래인재연구소장,
　STEAM교육센터 부소장, 발명특허교육센터장
　인천시교육청 게임중독예방치료교원연수 운영, 정보화역기능해소 자문교수
　인천시 정보문화캠프 운영(2009~2012년)
　전국융합영재캠프 운영

이철현 ─────────────────────────────

　경인교육대학교 생활과학교육과 교수, 창의인성교육연구소장, 멘토링센터소장
　인천시교육청 정보화역기능해소 자문교수
　전국융합영재캠프 운영

교사를 위한
게임중독
힐링 가이드

초 판 인 쇄 | 2013년 3월 4일
초 판 발 행 | 2013년 3월 4일

지 은 이 | 한선관·이철현
펴 낸 이 | 채종준
펴 낸 곳 | 한국학술정보㈜
주   소 | 경기도 파주시 문발동 파주출판문화정보산업단지 513-5
전   화 | 031) 908-3181(대표)
팩   스 | 031) 908-3189
홈 페 이 지 | http://ebook.kstudy.com
E-mail | 출판사업부 publish@kstudy.com
등   록 | 제일산-115호(2000. 6. 19)

ISBN   978-89-268-4112-9 03370 (Paper Book)
        978-89-268-4113-6 05370 (e-Book)

어담
Books 는 한국학술정보(주)의 지식실용서 브랜드입니다.